ARZT SEIN
HEISST SCHEITERN

Atilla Vuran
Stefan Jockenhövel

Danke, Boris, für die Möglichkeit.
Atilla

Arzt sein heißt scheitern

Bibliografische Information der Deutschen Nationalbibliothek
Die Deutsche Nationalbibliothek verzeichnet diese Publikation in der Deutschen
Nationalbibliografie; detaillierte bibliografische Informationen sind im Internet
über http://dnb.d-nb.de abrufbar.

ISBN 978-3-7664-9939-4
Im Vertrieb von: Jünger Medien Verlag + Burckhardthaus-Laetare GmbH, Offenbach

Projektleitung: Alexander Natter
Lektorat: Anja Hilgarth
Umschlaggestaltung: Martin Zech Design, www.martinzech.de
Comics: Ralf Alex Fichtner
Foto Buchumschlag: michaeljung/iStock
Autorenfotos: Foto Danner e.K.
Satz und Layout: ZeroSoft
Druck und Bindung: Salzland Druck

2. Auflage 2016
www.arzt-sein-heisst-scheitern.de

Inhalt

Wir möchten darauf hinweisen, dass aus Gründen der leichteren Lesbarkeit in diesem Buch die männliche Sprachform verwendet wird. Sämtliche Ausführungen gelten natürlich in gleicher Weise für die weibliche.

Die einleitenden Geschichten basieren auf wahren Erfahrungen im klinischen Alltag. Sie sind jedoch zum Zweck des besseren Verständnisses der jeweiligen Thematik weiter frei ausgestaltet worden. Die Namen der handelnden Personen wurden frei erfunden. Daher sind Ähnlichkeiten dieser Namen mit lebenden oder toten Personen rein zufällig.

Vorwort von Boris Grundl

Fachkompetenz versus Führungskompetenz

Ich beglückwünsche Sie zum Erwerb dieses Buches. Im Kern beglückwünsche ich Sie jedoch nicht zum Kauf Ihres Exemplars, sondern zu Ihrer
Entscheidung, dass Sie an Ihrer Führungskompetenz arbeiten möchten. Um
diese Einsicht geht es. Denn ich bin mir sicher, Ihre medizinische Fachkompetenz befindet sich auf einem sehr hohen Niveau. Dabei beweist die Auseinandersetzung mit dem Buchthema, dass Ihnen der Unterschied zwischen
Fachkompetenz und Führungskompetenz bewusst ist. Fachkompetenz ist
wichtig. Durch Wissen und Erfahrung lässt sie sich immer weiter ausbauen.
Ohne Fachkompetenz kein Karrierestart. Sie ist eine Art Hygienefaktor.
Ohne sie keine Daseinsberechtigung, weder als Fach- noch als Führungskraft. Damit wird sie zum Beschleunigungsstreifen jeder Karriere. Doch
bestimmt sie auch, wie weit eine Karriere geht?

Sehr fachkompetente Menschen sind große Experten auf einem Gebiet.
Darin liegt ihre Stärke. Doch jeder Experte braucht ein Team um sich, damit
er optimal wirken kann. Genau hier setzt Führung an. Denn Mitarbeiter,
Patienten und Dienstleister müssen geführt werden. Experten, die das nicht
verstehen oder einsehen, kämpfen trotz ihrer Kompetenz immer wieder
mit Problemen. Ein mir bekannter Zahnarzt sagte einmal: „Herr Grundl,
ich liebe die Arbeit am Patienten. Dafür habe ich studiert. Aber ich hasse
alles darum herum in meiner Praxis." Er hasste es, weil er nicht wusste, wie
er das Organisatorische in den Griff bekommen sollte. Mit zunehmender
Führungskompetenz verflog die Ablehnung und das Interesse an seiner
Führungsaufgabe wuchs. Heute führt er erfolgreich mehrere Praxen. Und
jetzt ist es klar: Fachkompetenz ebnet den Karriereweg, Führungskompetenz bestimmt, wie weit die Karriere geht.

Leading Simple® – Erfolgreich führen mit System

Leading Simple steht für das Führen mit Kopf, Herz und Hand. Es ist ein
Führungssystem, das alle entscheidenden Punkte wirkungsvoller Führung
nachvollziehbar auf den Punkt bringt:

1. Was ein Leader tun muss – seine fünf Aufgaben (Kopf)
2. Womit er es tun sollte – seine fünf Hilfsmittel (Hand)
3. Warum er es tun sollte – die fünf Prinzipien (Herz)

Stellen Sie sich vor, Sie und alle anderen Ärzte und Führungskräfte hätten eine einheitliche Vorstellung von Führung! Das heißt: Jeder wüsste, was seine Aufgaben sind. Jeder wüsste, welche Hilfen er dazu hat, und jeder sähe einen Sinn in seiner Tätigkeit. Im Ergebnis würden Sie überall Arbeitsfreude, Wachstum und Effizienz erleben.

Gerade halten Sie ein Buch in Händen, das Sie leicht verständlich dabei unterstützt, Ihre persönliche Führungskompetenz zu vertiefen. Klar, direkt und auf den Punkt. Atilla Vuran und Stefan Jockenhövel haben das Führungssystem Leading Simple® in diesem Werk auf beeindruckende Weise für den klinischen Kontext aufbereitet. Dabei besticht Atilla Vuran durch seine Umsetzungsstärke und Stefan Jockenhövel durch seine klinische Führungserfahrung. Zusammen sind sie ein unschlagbares Doppel. Ihnen wünsche ich jetzt eine spannende Lektüre und anschließend viel Freude beim Anwenden und Umsetzen. Denn darum geht es: dass Ihre Ergebnisse und damit die Ergebnisse Ihrer Organisation durch Führungskompetenz besser werden. Damit jeder der Beste wird, der er sein kann.

Ihr
Boris Grundl

1. Kapitel:
Aufgaben der Führung

1. Aufgabe:
Menschen fördern

Jetzt bin ich fällig!

„Jocki, du Idiot! Du bringst meine Patienten um!" Die kräftige Stimme, die sich fast überschlug, zerfetzte die Geräuschkulisse auf der Intensivstation. Es wurde augenblicklich still, und nur das Piepsen der Monitore und die leicht zischenden Laute der Beatmungsmaschinen waren noch zu hören. Der junge Assistenzarzt Dr. Hartmut „Jocki" Jockenhäuser stand am Bett eines älteren Mannes, der am Vortag eine Bypass-Operation erhalten hatte und nun intensivmedizinisch versorgt wurde. Links neben ihm seine beiden männlichen Kollegen, Dr. Maigold und Dr. Schmidt, zu Jockis Rechten die Kollegin Dr. Simone Harnisch. Jeder der vier zuckte zusammen. Jockis Kollegen traten einen Schritt zurück. Rein vorsichtshalber. Ähnliches taten die restlichen Pfleger der Station. Sie verdünnisierten sich in die Nebenräume oder beschäftigten sich irgendwie. Nur nicht auffallen, lautete die Devise. In ihren Mienen konnte man eine Mischung aus Ehrfurcht und Angst erkennen. Verstohlen schaute jeder nach vorn. Den langen Gang entlang, in dem links und rechts die Betten der Patienten aufgereiht waren. Dort stand er, der Chefarzt! Prof. Reinhard Stelzner war kein großer Mann, nur knapp 1,70 und von drahtiger Statur. Sein graues Haar kämmte er fast nie. So sah es auch aus. Der Chefarzt hatte einen Blick drauf, der einen unwillkürlich an den Western-Klassiker „High Noon" erinnerte. An den einsamen Kampf des von seinen Freunden verlassenen Town Marshal Will Kane gegen seinen Todfeind, den Gangster Frank Miller. Mit schlurfendem Schritt kam der Chefarzt den Gang entlang, zielstrebig auf Jocki zu, der sich im Gegensatz zu seinen Kollegen nicht umgedreht hatte.

Der junge Assistenzarzt mit dem gepflegten, kurz geschnittenen und sauber zur Seite gescheitelten Haar arbeitete weiter an seinem Patienten. Natürlich wusste auch er, dass in diesem Moment seine Stunde geschlagen hatte und der Chefarzt ihn gleich gehörig in die Mangel nehmen würde. Doch das ließ sich Dr. Jockenhäuser nicht anmerken. „Da kann ich die Leute nach der OP ja gleich selber in die Pathologie schieben!", fauchte der Professor, pflanzte sich vor dem Bett des Patienten auf und stellte demonstrativ die Ellbogen nach außen. Jockis Kollegen traten noch einen weiteren Schritt zurück. High Noon! „Jetzt halten Sie mal die Luft an, Chef!", sagte Jockenhäuser, nahm seinen ganzen Mut zusammen und drehte sich um. Obwohl er auch ein bisschen zitterte, blickte er seinem Chef direkt in die Augen. „Ich hab mir was dabei gedacht!"

„Pah! Was dabei gedacht. So ein Bockmist!", konterte der Alte. „Was haben Sie sich denn gedacht?"

„Nun, Herr Professor …", begann Jocki und schaute vorsichtig zu seinen Kollegen, die noch einen weiteren Schritt zur Seite wichen. Sie alle sahen ihn mit großen Augen erwartungsvoll an. Jocki stand allein da und wusste: Ausreden würden ihm in diesem Moment nicht weiterhelfen. Also beschloss der junge Arzt, seinen ganzen Mut zusammenzunehmen und ganz einfach zu schildern, wie es wirklich gelaufen war: „Die Allgemeinsituation mit den sich stetig verschlechternden Lungen- und Nierenwerten verlangten mir eine rasche Entscheidung ab. Ich habe mich für das Präparat A entschieden, weil ich davon ausgegangen bin, dass sich durch eine verbesserte Perfusion das drohende Nierenversagen noch abwenden lässt. Leider waren die Maßnahmen bisher ohne Erfolg." „Aha!", murmelte Prof. Stelzner in seinen nicht vorhandenen Bart und kratzte sich mit der rechten Hand am Kinn. Eine Geste, die Dr. Jockenhäuser nur allzu gut kannte. Wenn sich der Chef in dieser Weise am Kinn kratzte, dann dachte er zumindest einmal ernsthaft nach. „Ist Ihnen bewusst, dass Sie damit eine erhöhte Kreislaufbelastung eingegangen sind, Jocki?" „Selbstverständlich, Chef!", antwortete Jocki. „Das war auch keine leichte Entscheidung. Aber in der Situation erschien mir das der beste Kompromiss zu sein, um das drohende Multi-Organversagen abzuwenden." „Aha! Nun gut! Aber das Risiko ist Ihnen bewusst gewesen?" „Ja natürlich!"

„Und Sie?", fragte der Chefarzt und wandte sich Jockis Kollegen zu, die in sicherer Entfernung abwarteten, wie denn der als sicher geltende Anschiss aussehen würde. „Was meinen Sie?" „Ich bin natürlich ganz Ihrer Meinung, Herr Professor!", antwortete Maigold, stellte sich aufrecht hin und gab sich demonstrativ selbstbewusst. Der Chefarzt blickte Jockis andere beiden Kollegen an. „Ich meine auch, dass diese Entscheidung ein erhöhtes Risiko für die Kreislaufsituation darstellt und mehr als riskant war", sagte Dr. Thomas Schmidt. Als Jocki das hörte, warf er diesem blonden Typ, der stets aussah wie aus dem Ei gepellt, einen bösen Blick zu. Schließlich hatte ihn Schmidt vor einigen Minuten noch darin bestärkt, besagtes Medikament zu verabreichen. Nur die junge Kollegin, Dr. Harnisch, nahm ihren ganzen Mut zusammen und stand Jockenhäuser zur Seite. „Ich denke, Jocki hat sich richtig entschieden!", meinte die Jungassistentin. „In Anbetracht der akuten Situation der Leber- und Nierenwerte sah ich wirklich darin die einzig richtige Entscheidung!", erklärte Jocki noch ein weiteres Mal und zeigte auf den Monitor, auf dem die ganzen Werte des Patienten angezeigt wurden. „Ja, ja, ja …", bremste der Chefarzt seinen jungen Assistenten aus. Maigold und Schmidt schauten gespannt auf den Alten. Würde es jetzt das erwartete Donnerwetter geben? Und auch Jocki selbst hatte sich auf einiges gefasst gemacht. Doch dann brummte Prof. Stelzner: „Hätte ich wahrscheinlich genauso gemacht!"

Dr. Jockenhäuser fiel ein zentnerschwerer Stein vom Herzen, als er das hörte. Damit hatte er nicht gerechnet. Sein Chef übte keinerlei Kritik an seiner Entscheidung, und er machte ihn auch nicht vor seinen Kollegen nieder. Ein klein wenig war der dunkelhaarige Assistenzarzt stolz auf sich und seine getroffene Entscheidung, obwohl er genau wusste, dass es in einer solchen Situation niemals DIE richtige Entscheidung gibt. „So, gehen wir nun endlich einen Kaffee trinken, oder was? Und reden darüber?", fragte Prof. Stelzner. „Gerne, ich komme sofort nach! Muss den Patienten noch versorgen, Herr Professor!", antwortete Jocki. „Und Sie, meine Herren?", fragte der Professor, hielt einen Moment inne und schaute Jockis Kollegen an. „Hätten Sie auch den Mumm gehabt, eine Entscheidung auf eigene Faust zu treffen und dann dafür geradezustehen?"

Den Kaffee hatte sich Prof. Stelzner wahrlich verdient, denn unmittelbar vor dem Besuch auf der Intensivstation hatte er eine schwierige fünfstündige Kinder-OP absolvieren müssen. Klar, dass er da auch nervlich nicht mehr so gut drauf war und ein bisschen wadenbeißerisch wurde. Als Dr. Jockenhäuser in die Kaffeeküche der Intensivstation kam, fiel ihm das auch gleich auf. Sein Chef sah erschöpft aus. Der schweißnasse Rücken der grünen OP-Kluft zeugte von einer langen und anstrengenden Arbeit. Jockenhäuser konnte sich gut in seinen Chef hineinversetzen. Einige Male war er bereits als Assistent dabei gewesen. Er schien müde zu sein, der alte Herr. Mit den Fingern seiner rechten Hand rieb er sich die Augen. „Darf ich?" fragte Jockenhäuser artig, und in diesem Moment zuckte sein Chef sogar ein bisschen zusammen. Die Erschöpfung hatte ihn wohl übermannt. „Jocki! Na klar, setzen Sie sich!", erwiderte der Chefarzt freundlich. „Aber holen Sie mir vorher bitte noch einen Kaffee?"

Mit zwei von diversen Pharmafirmen gesponserten Bechern, gefüllt mit herrlich duftendem Kaffee, kam Dr. Jockenhäuser zurück und setzte sich seinem Chef gegenüber auf einen der unbequemen, harten Plastikstühle. „Danke!", sagte der Professor, als Jocki ihm das dampfende Gebräu hinstellte. Ein paar Augenblicke lang herrschte Schweigen. Professor Stelzner nahm einen Schluck von der heißen, schwarzen Koffeinbrühe, Marke Herztod. Dann schaute er Jocki an. „Ihre Entscheidung hätte auch anders ausgehen können. Sind Sie sich darüber im Klaren, Jocki?" „Ja, darüber *bin ich mir absolut im Klaren. Darum war ich auch fast die ganze Zeit am Bett. Aber ich musste eine Entscheidung treffen", antwortete Dr. Jockenhäuser und nahm ebenfalls einen Schluck Kaffee. Dann erläuterte er seinem Chef noch einmal ganz ausführlich die Situation auf der Intensivstation. Er schilderte ihm in allen Einzelheiten den Status quo, auf dessen Basis er schnell handeln musste. Prof. Stelzner hörte seinem jungen Assistenten sehr aufmerksam zu und hielt die ganze Zeit lang Blickkontakt. Stelzner unterbrach Jocki nicht. Ab und zu nickte er zustimmend oder machte durch sein gekonntes Mienenspiel deutlich, dass er an manchen Punkten nicht derselben Meinung war.*

„Ich kann mich noch gut an einen Fall aus meiner Zeit als blutjunger Assistenzarzt erinnern", sagte der Chefarzt, nachdem Jockenhäuser seine Ausführungen beendet hatte. „Da befand ich mich in einer ähnlichen Situation. Damals stand der Patient auch auf der Kippe. Die Leber- und Nierenwerte stiegen in kurzer Zeit sehr schnell an." „Wie haben Sie damals entschieden, Chef?" „Gar nicht." „Das verstehe ich nicht!", meinte Jockenhäuser. „Ich habe lange mit einer Entscheidung gerungen", erklärte der Chefarzt weiter. „Ja, ich hatte eine Idee. Aber ich war mir nicht sicher und so habe ich gewartet, bis mein Chef mir die Entscheidung abgenommen hat." „Wie hat der entschieden?" „So, wie ich es auch getan hätte!", sagte Prof. Stelzner. „Das war aber nicht das Schlimme an der Sache!" „Sondern?" „Die Entscheidung kam zu spät. Der Zug war abgefahren!", sagte der Chefarzt mit einem Seufzer und trauriger Miene. Dann nahm er noch einen weiteren Schluck Kaffee. So, als wollte er die Erinnerung an diesen Vorfall schnell hinunterspülen. „Sie haben heute genau das Richtige getan, Jocki!" „Indem ich auf das andere Präparat umgestellt und höher dosiert habe?" „Nein, Jocki! Indem Sie Ihre Entscheidung sorgfältig überlegt und abgewogen haben", antwortete Jockis Chef. „Und vor allem, indem Sie entschieden haben."

Dr. Jockenhäuser schaute seinen Chef mit großen fragenden Augen an. Der alte Herr lächelte und nickte aufmunternd. In diesem Moment hatte Jocki ein verdammt gutes Gefühl. Allein die Tatsache, dass ihn sein Chefarzt für sein Tun gelobt hatte, bedeutete einen echten Kick für Jockis Selbstvertrauen. In der Sache selbst war er sich mit seinem Chef einig. Die gewählte Therapiemethode hätte auch ganz andere Folgen haben können, und wer weiß, vielleicht wäre es sogar besser gewesen, sich doch für eine alternative Methode zu entscheiden. Doch im Nachhinein ist man bekanntlich immer klüger.

Prof. Stelzner stand auf. „So, ich muss mal wieder weiter ... Ach übrigens Jocki, übermorgen haben wir einen Fallot! Ich werde Ihnen assistieren!" „Ja aber ich ...!" „Was ist denn? Wollen Sie nun Herzchirurg werden oder Ihr ganzes Leben lang die Kanülen auf der Station schieben?", zischte Stelzner nun wieder in seiner unverwechselbaren Art. Der Prof war wieder ganz der Alte. „Selbstverständlich, Herr Professor!", antwortete Jocki stolz und sehr mit sich und seiner Leistung zufrieden. Dann ging er wieder mit neuem Elan und einem vehement gestärkten Selbstvertrauen an seine Arbeit.

* * *

Unabhängig davon, welchen Bereich der Medizin man sich anschaut, das Sprichwort „Es geht um Leben und Tod" hat hier eine ganz besondere Bedeutung. Denn es ist wörtlich zu nehmen! Fehler und menschliches Versagen haben hier nicht nur finanzielle Einbußen oder irreparable Materialschäden zur Folge. Medizin ist Dienstleistung am Menschen. Jeder Arzt und jeder Pfleger wirkt in direkter Weise auf die Gesundheit und damit auf das Wohl des Patienten ein.

Jeder Arzt hat eine Führungsaufgabe, eine Führungsverantwortung. Menschen zu entwickeln ist somit auch keine Aufgabe, die nur der Chefetage obliegt. Jeder Arzt ist dazu da, seine ärztlichen Kollegen sowie das Pflegepersonal, aber auch seine Patienten zu fördern und zu führen. Somit sind sie alle Führungskräfte und Geführte zugleich!

Im medizinischen Bereich haben Führungskräfte die besondere Aufgabe, in einer Weise zu führen, dass die Mitarbeiter lernen, selbstständig und selbstbewusst zu entscheiden. Das ist sicher viel leichter gesagt, als in der Praxis getan. Wer Menschen richtig und erfolgreich führen will, der muss sie fördern. Muss ihnen helfen, dass sie sich optimal entwickeln können. Aber wie fördern Sie junge Ärzte bzw. medizinisches Personal richtig? Wird dies im Studium wirklich gelehrt und gelernt?

Personen an der Spitze, allen voran Chefärzte, Oberärzte, aber auch erfahrene Stationsärzte und Pflegepersonal haben zuallererst die Pflicht, anderen zu dienen. Den Patienten sowieso, aber auch und gerade dem Personal-Nachwuchs. Also allen Menschen, für die sie die Verantwortung tragen. Was die Führung angeht, bedeutet das freilich nicht, dass Chef- und Oberärzte die Arbeit der ihnen anvertrauten „Untergebenen" erledigen. Sie sollen und dürfen nicht anderen die Arbeit abnehmen, die diese selbst erledigen können. Dienen bedeutet für eine Führungskraft: anderen Menschen, in diesem Fall jungen und noch nicht so erfahrenen Ärzten, zu helfen, dass sie sich optimal entwickeln können. Das erreicht die Führungsperson dadurch, dass sie jeden individuell fördert.

Menschen unterziehen sich einer beruflichen Ausbildung, damit sie eine bestimmte Qualifikation erreichen. Das gilt in jedem Beruf und in jeder Branche. Auch für Ärzte. Bleiben nicht viele von ihnen auf dem durch die Ausbildung erreichten Niveau stehen und meinen, das sei ganz in Ordnung? Sie könnten allerdings viel mehr leisten, als sie denken, und vor allem viel mehr, als sie sich selber zutrauen. Letzteres gilt ganz besonders für junge Ärzte. Die wichtige Aufgabe einer Führungspersönlichkeit lautet: Ihre Mitarbeiter zu fördern und ihnen Aufgaben zu geben, an denen sie wachsen können. Diese Aufgaben sollten ständig herausfordernder, umfangreicher und komplexer werden.

Fördern heißt: Fordern!

Gehen Sie mit Ihren Mitarbeitern in die Auseinandersetzung. Durch Schönreden alleine kann ein junger Arzt nicht wachsen. Er wird zu einer Art Befehlsempfänger und zum ausführenden Objekt des ihm Vorgesetzten. Führen nicht viele leitende Ärzte aus dem Bauch heraus? Manch einer hat es drauf und erzielt bei seinen Assistenzärzten damit auch großen Erfolg. Wie Chefarzt Prof. Stelzner in unserer Geschichte. Er hat seinen Assistenten „Jocki" gefördert, indem er ihn nicht nur gefordert, sondern sogar provoziert hat. Mit der strengen Ansage „Jocki, du Idiot! Du bringst meine Patienten um!" hat Stelzner den jungen Assistenzarzt keineswegs „niedergemacht". Er hat ihn vielmehr in eine aktive Verteidigungsposition gedrängt und aus der Reserve gelockt, weil er um Jockis Selbstvertrauen wusste. Er hat ihn regelrecht gezwungen, sich zu erklären. Warum? Weil er den Blickwinkel seines Assistenten einnehmen wollte. Der Chefarzt wollte wissen, warum Dr. Jockenhäuser die Entscheidung genau so und nicht anders getroffen hat. Und er wollte testen, ob dieser junge leitende Arzt der Intensivstation selbstbewusst genug ist, eine eigene Entscheidung zu treffen und sie anschließend auch zu vertreten. Dr. Jockenhäuser hat diesen Test bestanden.

Nicht immer führt eine „Führung aus dem Bauch" zu guten Resultaten. Dennoch ist sie im Gesundheitswesen leider die Regel. Verständlich, denn

Führungssysteme gehören im medizinischen Bereich (noch) nicht zur Aus- und Weiterbildung des medizinischen Personals. Das bringt naturgemäß zwei wesentliche Nachteile mit sich: Erfolgreiches Führen bleibt dem Zufall überlassen und ist eher die Ausnahme anstatt die Regel. Der eine Chefarzt hat es drauf, der andere eben nicht. Ein unüberlegtes und zielloses Vorgehen in der Führung ist im Gegensatz zu einer systematischen und geplanten Führung nicht übertragbar und somit auch nicht duplizierbar.

Fördern heißt: Verantwortung übergeben!

Wer als angehender Mediziner von einem in puncto Führung talentierten Chef- oder Oberarzt geleitet wird, kann sich glücklich schätzen. An vielen Kliniken herrscht allerdings das Prinzip der festen Hierarchien vor. Hierarchie ist zunächst einmal nicht schlecht, denn so kann die Verantwortung innerhalb der Hierarchie abgegeben werden, die Verantwortungsstrukturen sind klar. Eine Tatsache, warum viele junge Menschen überhaupt den Mut fassen, eine Karriere als Arzt zu beginnen. Denn die Verantwortung ist immens. Der erste Nachtdienst ist dafür ein prägnantes Beispiel. Ein junger Assistenzarzt weiß immer seinen Ansprechpartner im Rücken, den er anrufen kann, wenn er sich eine Therapieentscheidung alleine nicht zutraut. Der Oberarzt nimmt dem jungen Assistenten im Zweifelsfall die Verantwortung ab und trägt sie. Nun ist es generell nichts Besonderes, dass manches nicht immer optimal, ja sogar schieflaufen kann. Junge Assistenzärzte, die sich einer Sache nicht gewachsen sehen, können sich problemlos aus der Verantwortung stehlen. In der Ausbildung eines jungen Arztes ist das natürlich kontraproduktiv, denn Verantwortung heißt in erster Linie: Entscheidungen treffen. Wie soll ein junger Assistenzarzt lernen, verantwortliche Entscheidungen zu treffen, wenn ihn seine Vorgesetzten dazu nicht anleiten? Prof. Stelzner hat seinen Assistenten nicht nur ermuntert, eine eigene Entscheidung zu treffen und damit Verantwortung zu übernehmen. Er hat ihn mehr oder weniger sogar dazu gezwungen. Solche fruchtbaren und in ihrer Weise auch wirksamen Führungspraktiken gibt es selbstverständlich. Aber stellen sie nicht im Gesundheitswesen und vor allem im innerklinischen Bereich die Ausnahme dar? In der Regel sieht es eher so aus, dass junge Mediziner für ihre eigene Entwicklung selbst Sorge tragen müssen. Das kann der eine besser, der andere weniger gut. So brauchen manche bis zur Facharztreife nicht selten doppelt so lange. In der Klinik herrscht meistens eine „Ich-mag-dich-und-bring-dich-deshalb-nach-vorne-Mentalität" vor. Es spricht also viel dafür, dass man auch im medizinischen Bereich alte, verkrustete Strukturen aufbricht und durch neue ersetzt. Die Führung von jungen Medizinern sollte in einem systematischen Prozess erfolgen, um Menschen stufengerecht zu entwickeln.

Fördern heißt: Kompetenz und Engagement entwickeln!

Erfolgreiche Führung von Menschen ist immer individuell. Die Qualität einer Führungskraft zeigt sich insbesondere darin, wie sie mit den unterschiedlichen Charakteren umgeht und wie sie den Einzelnen so fördern kann, dass dieser sich optimal entwickelt. Vor allem im klinischen medizinischen Bereich erfordern unterschiedliche Typen von jungen Ärzten und stets verschiedene Situationen ganz unterschiedliche Herangehensweisen, um die Mitarbeiter zu entwickeln. Da stellt sich natürlich die Frage: Ist bei den vielen unterschiedlichen Ausgangssituationen überhaupt ein systematisches Vorgehen möglich? Die Antwortet lautet: Ja!

Natürlich sind die jungen Ärzte individuell verschieden. Aber dennoch gibt es gleichbleibende Gesetzmäßigkeiten. Jeder Arzt und jede Organisation durchläuft grundsätzlich vier Phasen. Diese, nach P. Hersey und K. Blanchard im Buch „Situatives Führen" beschriebenen vier Phasen charakterisieren sich durch ein bestimmtes Maß an **Kompetenz** und **Engagement**.

Wie definiert sich Kompetenz? Sie ergibt sich aus Wissen und Erfahrung. Engagement hingegen ergibt sich aus der jeweiligen Zielidentifikation bzw. Zielklarheit der jungen Mediziner und ihrem individuellen Selbstvertrauen. Jeder, der Führungsverantwortung hat, muss erkennen, wo jeder einzelne seiner Assistenten steht. Über welches Wissen verfügt er? Welches Ziel verfolgt der Assistent? Sind diese Ziele konsistent mit denen der Klinik? Welche Erfahrung hat er in dem jeweiligen Tätigkeitsbereich? Und wie hoch ist das Selbstvertrauen dieser jungen Person? An diesen vier Punkten – man kann sie auch als „Entwicklungsknöpfe" bezeichnen – muss ein leitender Arzt ansetzen, wenn er in seinem Verantwortungsbereich (Assistenten, aber auch das Pflegepersonal) erfolgreich führen (im Sinne von fördern) will. Seine Aufgabe ist es, den Mitarbeitern zu helfen, möglichst viel Kompetenz und Engagement zu entwickeln. Das erreichen Sie, indem Sie zum Beispiel die Assistenzärzte in jeder Phase ihrer noch jungen medizinischen Karriere richtig führen. Die jeweilige Phase, in der sich ein junger Arzt gerade befindet, ermitteln Sie, indem Sie deren Kompetenz und Engagement erfragen und einschätzen.

Das Vier-Phasen-Modell

Insgesamt sind es prinzipiell vier Phasen, die jeder in der eigenen Entwicklung durchläuft. Diese Phasen werden folgend am Beispiel eines jungen Arztes erklärt. Sie gelten jedoch für sämtliche Entwicklungsschritte, die jemand durchläuft, wenn er etwas Neues lernt:

Phase 1 – Die erste Phase ist von der Begeisterung geprägt. Der junge Mediziner kommt frisch von der Uni und verfügt über ein medizinisch umfassendes Wissen. Jetzt hat er endlich die Möglichkeit, all das Wissen, das noch sehr theoretisch ist, in der Praxis umzusetzen. Die jungen Ärzte sind allerdings noch nicht richtig eingearbeitet und ihr theoretisches Wissen hilft ihnen nur bedingt weiter. In dieser Phase sollte die Führungskraft nicht zu viel Nähe zeigen, wenig helfen, aber sehr viel lenken. Dies, weil es sonst später schwierig wird, den Mitarbeiter zu fordern. Der junge Arzt sollte durch möglichst genaue Anweisungen dirigiert und die Umsetzung immer wieder kontrolliert werden. Viele Nachwuchsmediziner sind in dieser Phase oft sehr euphorisch und müssen hier und da eventuell auch mal gezielt gebahnt werden. Wirkungsvolle Führung bedeutet gerade in dieser Phase auch, dass die jungen Ärzte mit Aufgaben konfrontiert werden, die sie beschäftigen und auch fordern, die sie aber leicht und vor allem richtig erledigen können. Dadurch wächst ihr Selbstvertrauen, und ihre anfängliche Begeisterung wird konserviert.

Phase 2 – In dieser Phase ist Wissen und Erfahrung der jungen Assistenzärzte bereits gestiegen. Ihre Euphorie, die anfängliche Begeisterung und damit das Engagement lassen aber nach. Die Realität des Arztberufes und des Klinikalltags haben die jungen Mediziner auf den Boden der Tatsachen zurückgeholt. Viele gelangen in dieser Phase zu der Erkenntnis, dass sie vielleicht doch andere Erwartungen an diesen anspruchsvollen Beruf hatten. Sie wissen im Vorfeld, dass sie viel und ständig lernen müssen. Jetzt erfahren sie es auch emotional. Das ist auch die Phase, in der für junge Mediziner die Stunde der Wahrheit schlägt. Manche überlegen sich, ob sie diesen Job überhaupt ausüben möchten, andere haben vielleicht Probleme mit der Klinik, den Kollegen oder dem Chef- oder Oberarzt. In dieser Phase muss der verantwortlich betreuende Arzt Fingerspitzengefühl beweisen und sich individuell um seinen jeweiligen Assistenten kümmern. Er darf nicht mehr ausschließlich dirigieren, sondern muss seinem Assistenten helfen. Das erreicht er, indem er die verschiedenen Entwicklungsknöpfe so einsetzt, wie es der Einzelne braucht. Durch gezielte Maßnahmen und entsprechendes

Training kann er dem Assistenten mehr fachliche Kompetenz vermitteln. Ein Chef kann und soll mit dem jeweiligen Assistenten gezielt üben, sich Ziele zu setzen, und ihm dann auch durch entwickelnde Fragen helfen, diese zu erreichen. Durch die Ergebnisse erhöht sich dessen Selbstvertrauen und somit sein Engagement.

Phase 3 – Die dritte Phase ist enorm wichtig und entscheidet nicht selten über „Sein oder Nichtsein". Der junge Arzt gehört nun bereits zu den „Alt-Assistenten" und hat sich schon eine gewisse Kompetenz erarbeitet. Wie Dr. Jockenhäuser in der Geschichte am Anfang, der bereits die Leitung der Intensivstation übernommen hatte. Aber in dieser Phase schwankt oft das Engagement des Assistenten. Aufgrund seines erworbenen Wissens und der gemachten Erfahrungen hat er einerseits Selbstvertrauen aufgebaut, kann aber auf der anderen Seite mental anfällig sein. Der Assistent ist auf dem Weg, sich wirkungsvoller zu führen. In dieser Phase ist es wichtig, klare Ziele gemeinsam zu besprechen und Sinn zu vermitteln. Hier nützt oft gutes Zureden nicht viel bis gar nichts. Führungspersonen sollten hier – wenn überhaupt – nur wenig dirigieren. Ein Oberarzt sollte seinem Assistenten vielmehr gezielt helfen, indem er ihn auch mal mit harten Bandagen anpackt. In dieser Phase muss die Führungsperson aber nah dran sein – im Sinne von „Fördern durch fordern". Geht man einen Assistenten in solch einer Situation wie in unserer Geschichte vor den Kollegen an, kann sich das selbstverständlich auch negativ auf das Selbstvertrauen des Assistenten auswirken. Und doch ist in dieser wichtigen Phase manchmal Kritik bei fehlendem Engagement und auch eine gewisse Härte notwendig. Natürlich immer im jeweils nötigen Maß eingesetzt und niemals so, dass das Gegenüber vor anderen deformiert wird. Aufgabe eines guten und vorbildlichen Chefarztes ist es, seinen Assistenten zu helfen, dass sie in dieser Phase nicht hängen bleiben.

Phase 4 – Hat ein junger Assistenzarzt erst einmal die vierte Phase erreicht, dann ist für die Führungskraft der wichtigste Job zu einem großen Teil erfolgreich erledigt. Wie Dr. Jockenhäuser in der Geschichte hat sich der nun auch etwas ältere Assistenzarzt selbst im Griff und kann sich auch eigenverantwortlich führen. Er zeichnet sich durch hohe Kompetenz und ein entsprechend hohes Engagement aus. Er beherrscht sich selbst und seine Aufgabe innerhalb der Klinik und im Team. Nun gilt es, ihn in dieser Eigenschaft zu unterstützen und weiterzuentwickeln. Weiterentwickeln heißt auch, dem Mitarbeiter neue Bereiche anzuvertrauen, ergebnisorientierte Aufgaben zu stellen und das Ergebnis dann auch einzufordern. Ihm mehr

Verantwortung zu übertragen und zu delegieren. Auch das hat Prof. Stelzner mit „Jocki" anschaulich getan. Er hat aus ihm einen Assistenzarzt gemacht, der Verantwortung tragen kann und muss, damit er sich noch weiter festigt und entwickelt. Das Ergebnis der vierten Phase soll darin bestehen, dass sich der junge Arzt eigenverantwortlich führt und nicht mehr nur ausführt. In dieser Phase sollte eine gute Führungskraft delegieren und kontrollieren.

Die vier Phasen sind keine starre Vorgabe, sondern sind ein dynamischer Prozess. Sie sind wie Leitplanken und geben Ihnen Orientierung, indem Sie sie individuell betrachten. Bedenken Sie, mit jedem „Karrieresprung" vom Studenten zum Jungassistenten, vom Altassistenten zum Oberarzt und letztlich zum Chefarzt fangen Sie immer wieder in der ersten Phase an. Und dies wird auch mit jeder neuen Aufgabe so sein. Was dabei individuell sein kann, ist die Geschwindigkeit, mit der Sie diese vier Phasen durchlaufen.

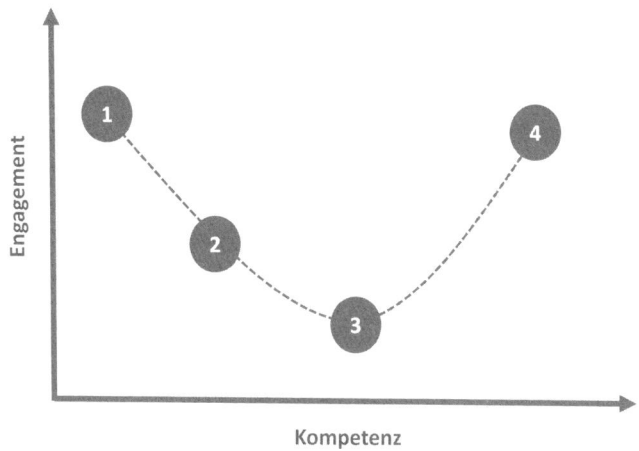

Abbildung 1: *Das Vier-Phasen-Modell nach P. Hersey & K. Blanchard*

Das Modell zeigt die vier Phasen in Bezug auf das eigene Engagement und die eigene Kompetenz, die Sie und Ihre Mitarbeiter immer wieder durchlaufen. Das Durchlaufen der Phasen hat keine zeitliche Relevanz, sondern ist abhängig von Person und Sache. Die Phasen dienen als Orientierung und sind nicht starr zu betrachten.

Umsetzung im Alltag

In der Praxis des klinischen Alltags ist die Orientierung an den vier Phasen praktisch unbekannt. Viele Führungskräfte wissen gar nicht, wie sie ihre Mitarbeiter individuell führen können. Meistens haben sie einen festgelegten Führungsstil, den sie bei allen Mitarbeitern gleich anwenden. Die menschliche Natur ist jedoch zu komplex, um nur mit einem, dem scheinbar „richtigen" Führungsstil zu führen. Bei vernünftiger Betrachtung leuchtet jedem ein, dass diese alltäglichen Praktiken der Führung alles andere als optimal sind. Beschäftigt sich ein Chef wirklich mit den individuellen Zielen eines jungen Arztes? Und setzt er sich mit dem jeweiligen Selbstvertrauen der einzelnen Mediziner auseinander?

Fördern heißt: Respektvolle Widerworte zulassen!

Die Förderung dieser gerade für einen Arzt so wichtigen Eigenschaft, wie es Prof. Stelzner in der Geschichte mit Jocki demonstriert hat, wird im heutigen Klinikalltag meist vernachlässigt. Für den jungen Assistenten war es ein Vertrauensbeweis, dass er seinem Chefarzt widersprechen durfte. Dass dies gewürdigt werden würde, war überhaupt nicht abzusehen. Diese Geste des Chefs heißt auch: „Ich weiß, dass Sie mir was zu sagen haben. Ich vertraue darauf, dass Sie Ihre Entscheidung gründlich durchdacht und sie nicht leichtfertig getroffen haben." Dr. Jockenhäuser war von seiner Therapie überzeugt. Er hat geahnt, durfte aber nicht davon überzeugt sein, dass er aufgrund des vermeintlichen Disputs mit seinem Chef in jedem Fall für sich etwas herausziehen konnte. Selbst wenn seine Entscheidung nicht die optimale gewesen wäre. Prof. Stelzner hat damit einen großen Sprung über das leider sehr weit verbreitete Statusdenken hinaus gemacht. Allein die Tatsache, dass diese Persönlichkeit, die zu den Dinosauriern der Herzchirurgie gehört, überhaupt zugelassen hat, dass ein Assistent widerspricht, zeugt von der wirkungsvollen Führungskraft des Chefarztes. Das ist in der Praxis der Klinikalltage eher eine Ausnahme. Allgemein gilt es sogar als „Majestätsbeleidigung", wenn jemand dem Chefarzt widerspricht. Respektvolle, wohl durchdachte „Widerworte" sind ein wertvolles Instrument zur (selbst)kritischen Betrachtung. Somit sind sie ein entscheidender Faktor zur Reduzierung der Fehleranfälligkeit innerhalb der Klinik und zur Steigerung der Behandlungsqualität.

Fördern heißt: Mit System führen!

Ein unsystematischer Führungsstil hat auch den entscheidenden Nachteil, dass in der Regel alle Mitarbeiter gleich geführt werden. Selbst einen einzelnen Mitarbeiter können Sie nicht immer gleich führen. Je nach Phase braucht er unterschiedliche Führungsstile. Wenn Sie jeden „gleich" behandeln, führen Sie nicht gerecht, sondern üben Gleichmacherei aus. Die schwächeren Mitarbeiter werden zunehmend überfordert und die stärkeren meist unterfordert. Dadurch sinkt über die Zeit das Engagement der Mitarbeiter und die Potenziale können nicht optimal entwickeln werden.

Ein verantwortlich führender Arzt sollte sich selbst die Berechtigung geben, seine anvertrauten Kollegen zu führen (führen im Sinne von fördern). Sich die Berechtigung zu geben, bedeutet, es sich selbst auch zuzutrauen, seine Assistenten zu führen – und dies auch zu tun. Zum anderen sollte er die Führung auch auf andere übertragen, sofern diese die nötige Kompetenz dazu erworben haben. Nur dann führt in einer natürlichen Hierarchie letztendlich die Kompetenz. Im medizinischen Bereich entsteht dadurch eine gesunde Dynamik, nach dem Motto: Heute führt der eine, morgen der andere, je nachdem, wer die Kompetenz dazu hat. Innerhalb der Führung sollte sich jeder die Zeit nehmen, seine anvertrauten Mitarbeiter, sei es im ärztlichen oder im pflegerischen Umfeld, zu entwickeln. Dies kann durch „entwickelnde Fragen" erfolgen, die nicht primär auf eine „richtige" vs. „falsche" Antwort hinauslaufen, sondern die dem Gegenüber die Tragweite der Entscheidungen aufzeigen und ihm erlauben, die Lösung selbst zu erarbeiten. Die Entwicklungsknöpfe, welche das Wissen und die Erfahrung erfragen, sind dabei ebenso wichtig wie Fragen zum Verständnis der Ziele und dem Status des Selbstvertrauens.

Mythen der Führung

Wenn Sie Ihre Fähigkeiten zur Führung verbessern möchten, sollten Sie sich auch darüber Gedanken machen, welcher Mythos einer effektiven Entwicklung Ihnen im Weg steht. Es gibt 10 Mythen (Denkfallen) über Führung, die dazu führen, dass eine Führungskraft an Wirkung verliert. Mythen sind Denkmuster der Gesellschaft über Eigenschaften, welche eine Führungskraft besitzen „sollte". Mythen erheben einen Anspruch auf Wahrheit, erweisen sich aber meist falsch oder unwirksam.

Daher sollte ein verantwortlicher Arzt selbstkritisch genug sein und sich fragen: Steht mir vielleicht eine der „Mythen der Führung" im Wege?

1. Mythos: Es gibt „die" ideale Führungskraft
Menschen gehen oft von einer perfekten Führungskraft aus und vergleichen sich mit einer charismatischen Führungskraft. So sehen sie in sich die eigenen Defizite, die ihnen fehlen, um genauso perfekt zu sein. Sie sehen eher, wie ein perfekter Mensch sein sollte, und nicht, was er tun sollte, um wirksam zu sein. In diesem Denken gibt sich jemand keine eigene Berechtigung, Menschen zu führen bzw. zu entwickeln, wenn er davon ausgeht, dass er nicht alle diese Fähigkeiten seiner im Kopf „perfekten Führungskraft" mitbringt. Somit hemmt er sich und andere in ihrer Entwicklung.

2. Mythos: Führung ist eine angeborene Fähigkeit
Bei diesem Mythos herrscht der Irrglaube, es müsse ein „Führungs-Gen" vorhanden sein, um Menschen zu führen, sonst sei man „nicht dazu begabt". Dabei geht es beim Führen darum, welche Anlagen Sie mitbekommen haben und ob Sie daraus ein „Mehr" machen können, d.h. ob Sie bereit sind, sich weiterzuentwickeln. Führung ist erlernbar wie ein Beruf. Wie ein Chirurg sein Handwerk lernt, kann auch eine Führungskraft das Führen lernen.

3. Mythos: Führungskräfte sind immer ausgeglichen und gut gelaunt
Hier wird davon ausgegangen, dass eine Führungskraft „immer gut drauf" ist. Das heißt, sie muss sich noch schlechter fühlen, wenn dies mal nicht so ist. Sie als Führungskraft haben selbstverständlich auch ein Recht darauf, ab und zu mal „schlecht drauf" zu sein, das liegt in der menschlichen Natur. Nur dürfen Sie dies nicht an anderen auslassen. Hochs und Tiefs gehören zum Leben. Überlegen Sie sich, was Sie tun können, wenn Sie weniger gute Tage haben, damit andere nicht darunter leiden. Achten Sie darauf, dass Sie nicht die Geisel Ihrer guten Gefühle werden.

4. Mythos: Führungskräfte müssen Mitarbeiter glücklich machen
Glück stellt sich nicht zwangsläufig ein, wenn Sie alle Umstände, die Sie unglücklich machen, beseitigen. Sie als Führungskraft sind nicht für das Glück Ihrer Mitarbeiter verantwortlich. Sie geben Möglichkeiten, Raum und die nötige Zeit, damit sich Ihre Mitarbeiter entwickeln. Lassen Sie die Menschen um Sie herum ihr eigenes Glück finden und haben Sie nicht das Gefühl, es allen recht machen zu müssen. Sie schaffen sonst Abhängigkeiten, die zum Schluss niemanden glücklich machen.

5. Mythos: Nur Nähe schafft Leistung

Wenn Sie über Nähe führen, werden Sie wahrscheinlich schnelle Erfolge erzielen. Das Bedauerliche dabei ist, dass sich Mitarbeiter durch diese Nähe mit hoher Wahrscheinlichkeit nicht weiterentwickeln. Zumindest können sie nicht die werden, die sie sein könnten. Sie sollten Nähe und Distanz in Balance halten, denn nur diese in Kombination sind wirksame Führungsinstrumente. Geben Sie Menschen das, was sie brauchen, um weiterzukommen. Und das ist manchmal Distanz. Zu viel Nähe führt zu Harmoniesucht und somit auch zu Abhängigkeit.

6. Mythos: Führungskräfte müssen Mitarbeiter zufrieden machen

Zufriedenheit erlangen Menschen, indem sie ihre selbst gesteckten Ziele erreichen. Wenn Sie jedoch Ihre Mitarbeiter zufrieden machen wollen, werden Sie es kaum schaffen, Konflikte nachhaltig zu lösen. Sie werden Konflikten ausweichen, weil Sie das Gefühl haben, dass die Mitarbeiter sonst nicht zufrieden sind oder Sie nicht mögen. Manchmal geschieht dies aus Mangel an Selbstvertrauen. Auch hier kreieren Sie unbewusst Abhängigkeiten. Ermöglichen Sie Ihren Mitarbeitern, Ihre eigenen Ziele zu erreichen. Übertragen Sie Verantwortung und lassen Sie zu, dass Mitarbeiter Entscheidungen fällen. Beachten Sie dabei Mythos Nr. 5, und Ihre Mitmenschen werden ihre eigene Zufriedenheit finden.

7. Mythos: Führung klappt nur durch Hierarchie

„Einer hat etwas zu sagen, die anderen müssen folgen." Funktioniert das? Ja. Die Frage ist nur, wie wirksam dies ist und wie stark die Mitarbeiter um solche Führungskräfte herum werden. Wirksame Führung bedeutet: sich selber führen, sich führen lassen (d.h. sich auch mal etwas sagen lassen) und andere führen. Einer trägt zwar die Verantwortung, ein Mitarbeiter darf aber auch besser sein als die Führungskraft. Wenn Sie meinen, Sie müssen alles können und vormachen, werden Sie niemals in der Lage sein, wirkungsvoll Menschen zu entwickeln. Es gibt sicher Bereiche in der Klinik, in der hierarchisch geführt werden muss. Achten Sie jedoch darauf, wie Sie dies machen. Es gilt, die Frage zu klären: „Was brauchen Mitarbeiter, um zu wachsen?" Und das ist sicher manchmal auch eine Ansage (d.h. Hierarchie). Aber nicht immer.

8. Mythos: Mitarbeiter müssen alle gleich behandelt werden

Dieser Mythos zeugt von „Gleichmacherei". Kein Mitarbeiter gleicht dem anderen, weshalb also sollte man sie gleich führen? Es geht hier um Entwicklung, nicht um Regeln. Und da ist wichtig, was der Mitarbeiter braucht, um den nächsten Schritt zu gehen. Dies kann beim einen Nähe sein, beim anderen Distanz. Der eine braucht mehrere Impulse, der andere praktisch keine, um wirksamer zu werden. Wenn Sie Mitarbeiter gleich behandeln, werden die einen möglicherweise stark, und andere bleiben auf der Strecke.

9. Mythos: Mitarbeiter müssen ständig motiviert werden

Jeder Mensch besitzt alles für die Eigenmotivation. Es ist nur die Frage, in welchem Kontext. Sie müssen daher keinen Menschen motivieren, sondern dafür sorgen, dass die Entwicklungsknöpfe aktiviert werden. Sorgen Sie für Ziele und dafür, dass die Mitarbeiter den Sinn hinter diesen Zielen erkennen (Zielidentifikation). Bauen Sie bei den Mitarbeitern Selbstvertrauen auf und sorgen Sie für das nötige Wissen. Lassen Sie die Mitarbeiter Erfahrungen sammeln und schauen Sie, dass Sie Menschen nicht demotivieren. Dies alles zusammen ist der Schlüssel zur Selbstmotivation.

10. Mythos: Erfolgreiche Führung basiert auf dem Einsatz von Tricks (Psychotricks)

Führung bedeutet: Nachvollziehbarkeit und Transparenz schaffen. Tricks vernebeln und führen in die Irre. Mitarbeiter wissen durch die Anwendung von Tricks nicht, wohin sie geführt werden. Oft ist es nicht einmal eine schlechte Absicht, sondern ein Mangel an erlernten Führungstechniken. Wenn Mitarbeiter jedoch das Ganze durchschauen, verlieren sie Vertrauen. Entwickeln Sie sich selber und lernen Sie die Aufgaben, Hilfsmittel und Prinzipien der Führung – und Tricks gehören der Vergangenheit an.

Kurz & knapp: Menschen fördern

> Führen bedeutet nicht, andere so zu behandeln, wie diese es gerne hätten oder wie es einem selbst angenehm wäre. Es bedeutet: Behandeln Sie andere so, dass diese sich entwickeln können!

☐ Fördern Sie, indem Sie fordern.

☐ Helfen Sie Ihren Mitarbeitern, das Beste in sich zu entwickeln: Möglichst viel Kompetenz und Engagement.

☐ Nutzen Sie duplizierbare Systeme, aber führen Sie individuell! (siehe auch die 3. Führungsaufgabe „Systeme schaffen").

☐ Jeder Mensch durchläuft vier Phasen mit jeweils unterschiedlich viel Kompetenz und Engagement. Verstehen Sie diese vier Phasen nicht als absolute, starre Vorgabe. Sie sollen Ihnen nur als Orientierung dienen.

☐ Trauen Sie Ihren Mitarbeitern immer etwas mehr zu, als sie bis jetzt können.

☐ Seien Sie sich stets im Klaren, bei welchem Mitarbeiter Sie welchen Entwicklungsknopf ansprechen müssen (Ziele, Selbstvertrauen, Wissen oder Erfahrung).

☐ Lassen Sie auch zu, sich führen zu lassen.

☐ Entwickeln Sie sich stetig weiter.

2. Aufgabe:
Unternehmenszweck erfüllen

Leute, wir müssen profitabler werden!

An jedem ersten Montag im Monat fanden sich alle Ärzte der Herzchirurgischen Abteilung des Klinikums im großen Besprechungssaal zum Rapport ein. Dabei wurde die allgemeine Lage der Klinik und vor allem der Abteilung besprochen. An die 30 Sitzplätze gab es hier, und der Saal war auch heute wieder voll. Der Himmel draußen, dunkelgrau in dunkelgrau, sorgte dafür, dass man fast in eine depressive Stimmung verfiel. Die langen Neonlicht-Leuchten an den Decken verbreiteten ihr typisches künstliches Licht. Die Geräuschkulisse war ziemlich laut, wie in einer Schulklasse vor Unterrichtsbeginn. Die Ärzte wussten ja, was sie in den nächsten 45 Minuten erwartete, und nutzten die Zeit noch zum Small Talk.

Dr. Rudolf Lunkenbeck kam als Letzter zur Tür herein. Er schaute sich um und grüßte ein paar seiner Kollegen. „Mist", dachte er, „da hab ich wohl die Arschkarte gezogen." Kein einziger Sitzplatz war mehr frei. Doch, ganz hinten in der letzten Reihe erspähte Lunkenbeck noch einen freien Platz neben seinem Kollegen Dr. Seibold. So ging er an der Wand entlang nach hinten. „Grüß dich, Harald!", begrüßte Lunkenbeck seinen Kollegen. „Hallo Rudi!", erwiderte Dr. Seibold und schüttelte Lunkenbeck die Hand. „Bist mal wieder der Letzte, Mann!" „Du weißt doch, wie das ist: Die Letzten werden die Ersten sein!" Die beiden Männer begannen einen belanglosen Small Talk, der abrupt endete, als der Chefarzt, Prof. Dr. Helfried Weinert, den Saal betrat. Er war ein recht kleiner Mann mit einer Halbglatze und ansonsten grauem Haar und mit einem rundlichen Gesicht. Auffällig schnell war sein Gang. Aber das kannten die Ärzte ja, denn bei der täglichen Visite sauste der Chef immer wie ein geölter Blitz durch die Stationen.

Auch das Gewirr der anderen Stimmen verstummte schlagartig. Wie in der Schule, wenn der Lehrer kommt. Der Chefarzt setzte sich an die Kopfseite des Tisches und sortierte seine Unterlagen. „Guten Morgen, meine Damen und Herren!", begrüßte Prof. Weinert als Erstes seine Ärzte, und dann folgten ein paar Sätze der Einleitung. Ziemlich langweilig. Wie jeden Monat. Im Endeffekt war das hier ja eh nur eine mehr oder weniger lästige Pflichtveranstaltung. Der Chef musste alles loswerden, aber richtig interessierte das kaum einen. Seit in den letzten Jahren der ganze Krankenhausbetrieb zunehmend ökonomischer wurde – böse Zungen nannten das „Gelddruckmaschine" –, verstanden die Mediziner immer öfter nur noch Bahnhof.

„Was die Fallzahlen angeht, verehrte Kolleginnen und Kollegen, konnten wir einen leichten Zuwachs verzeichnen", erklärte Prof. Weinert und nannte auch die Einzelheiten: Die Herzchirurgie registrierte im letzten Monat mehr Operationen als im Vergleichszeitraum des letzten Jahres. „Da haben wir uns auch im Vergleich zum letzten Monat weiter gesteigert. Trotzdem ist die Direktion mit unseren Ergebnissen nicht zufrieden. Wir erlösen trotz Zuwachs zu wenig. Das liegt vor allem an den Relativgewichten!" „Finde ich ja echt witzig", flüsterte Dr. Seibold seinem Nachbarn Lunkenbeck zu. „Sollen wir Anzeigen schalten, dass die Leute draußen mehr Herzinfarkte bekommen, damit wir mehr OPs durchführen können?" Lunkenbeck lachte nur leise und schüttelte amüsiert den Kopf. „Das drückt sich natürlich im Erlös aus", fuhr Prof. Weinert fort und berichtete seiner Mannschaft von den Vorgaben der Direktion, die in diesem Monat erneut nicht erreicht worden waren. Es sei mehr drin. So zumindest drückte es die Direktion gegenüber dem Chefarzt aus. Klar, dass das den Verwaltern und Controllern in der kaufmännischen Führung nicht passte. Der Aufwand konnte nicht nennenswert gesenkt werden. Demgegenüber schmälerte sich der Erlös. Der Chefarzt ging weiter ins Detail und erörterte die Kritik der kaufmännischen Führung an der Verweildauer. Demnach sollten die Patienten noch früher entlassen werden. „Klasse!", kommentierte Dr. Seibold, wieder im Flüsterton. „Jetzt müssen wir die Leute noch mit Tubus nach Hause schicken, damit mehr für uns rausspringt, oder was?" „Im Case-Mix-Index sind wir im Vergleich zu anderen Universitätskliniken gefallen", fuhr der Chef unterdessen mit seinem Vortrag fort. „Diese wichtige Kennzahl ist maßgeblich mit für die Einnahmen der jeweiligen Klinik bzw. Abteilung verantwortlich. Und da hat die Herzchirurgie schon weitaus bessere Zahlen geliefert." Schnell war man sich einig: Das lag in erster Linie daran, dass die Zahl der Transplantationen in den letzten Jahren deutlich zurückgegangen war. „Es liegt aber nicht an uns, dass es immer weniger Spenderherzen gibt!", warf einer der Ärzte ein, und Prof. Weinert gab seinem Arzt recht. Aber auch dieses Argument biss der Maus keinen Faden ab, denn die Zahlen der Herzchirurgie erbrachten nicht das, was von ihnen erwartet wurde. „Dann müssen wir an den Therapien was ändern und die Fallzahlen in der Masse steigern!", so lautete eine Direktive des Chefarztes, die aber im Saal auf wenig Verständnis stieß. Natürlich traute sich keiner, direkt etwas zu erwidern, aber am gesteigerten Gemurmel konnte man erkennen, dass die Ärzte hiermit nicht unbedingt einverstanden waren. „Und wir werden nicht darum herumkommen, die Arbeit am Patienten auf den Prüfstein zu stellen. Die Ausgaben sind noch zu hoch." „Soll ich zu meinen Patienten sagen: Ich kann Ihnen bei den Schmerzen nicht helfen, weil ich heute schon zweimal bei Ihnen war. Oder wie soll das in der Praxis laufen?", warf eine junge Ärztin ein. Man merkte ihr an, dass sie ein bisschen sauer über das alles war, was der Chefarzt hier von sich gab. Prof. Weinert ging aber nicht darauf ein. Vielmehr schloss er seinen Vortrag mit den Worten: „Sie sehen, meine Damen und Herren, es gibt viel zu tun. Also lassen Sie es uns anpacken!"

Wer den Chef beobachtet hatte, der merkte ihm an, dass es auch für ihn angenehmere Dinge gab, als diesen turnusmäßigen Vortrag zu halten. Und sicher stand er nicht hinter den ganzen Vorgaben, die ihm die Direktion aufgedrückt hatte. Prof. Weinert packte schnell seine Unterlagen zusammen und eilte in seinem gewohnten Rennschritt aus dem Saal. „Bloß weg hier", mochte er sich im Laufen vielleicht gedacht haben, „sie haben ja alle recht. Aber was soll ich machen?"

Die beiden Chirurgen Dr. Lunkenbeck und Dr. Seibold schauten sich nur fragend und verständnislos an. Fast alle Ärzte hier im Saal taten das. „Das war ja wieder Schwachsinn hoch fünf!", machte Seibold seinem Unmut schließlich Luft. „Du, was meinst du, gehen wir noch auf einen kurzen Kaffee?" Dr. Lunkenbeck schaute auf die Uhr. Es war 8:30 Uhr. „Wir sind erst in einer halben Stunde dran, der Lehmann kann ja schon runtergehen und den Patienten vorbereiten!" „Okay, einer geht immer!"

Bevor man zu den OP-Sälen gelangte, musste man den Gang entlanggehen, an dem die Kaffeeküche lag. Diese verbreitete ihren herrlichen Duft in feinen Schwaden durch die Gänge. Meistens immer dann, wenn es auf die regelmäßigen Pausen zuging. „Meine Fresse!", maulte Dr. Seibold weiter. „Ich bin Arzt geworden, weil ich den Menschen helfen will. Und nicht, um mich jeden Tag mit so einem Schwachsinn auseinanderzusetzen. Case-Mix-Index und wie dieser ganze ökonomische Mist heißt!" Die beiden Chirurgen standen etwa in einem halben Meter Abstand nebeneinander an die Kommode in der Kaffeeküche gelehnt und tranken ihre heiße Koffeinbrühe; Seibold schwarz und bitter, Lunkenbeck mit zwei Stück Zucker und ordentlich Milch. „Ja, das war heute wieder mal sehr trockene und schwere Kost." „Dieser Blödsinn geht mir langsam auf den Senkel. Ich kann es nicht mehr hören", schimpfte Seibold. „Jeden Ersten dasselbe. Immer wieder die gleiche Leier. Immer wieder diese Zahlen. Meine Güte, wenn die Leute krank werden und wir sie behandeln, dann kostet das nun mal Geld!" „Ich versteh, was du sagen willst", antwortete Lunkenbeck. „Aber schau, wir müssen trotzdem irgendwie rentabel arbeiten und dürfen auch nicht mehr Geld ausgeben, als wir verdienen." „Rentabel arbeiten?", fragte Seibold zurück. „Das nennst du rentabel arbeiten? Wir sitzen neben unserem eigent-lichen Job stundenlang rum und schreiben an unseren Verschlüsselungen. Das gab es früher nicht. Da hatten wir noch Zeit, um uns unseren Patienten zu widmen. Wir strampeln uns für ein System ab, das nicht bereit ist, die notwendige Hilfe zu bezahlen, die die Menschen brauchen." „Das sehe ich ein bisschen anders, Harald!", konterte Lunkenbeck. „Früher wurden die Gelder einfach ausgegeben. Das ging so lange gut, wie genügend Geld da war. Jetzt wird das Geld knapp, da muss man irgendwo anfangen, mit dem auszukommen, was man einnimmt. Ansonsten hast du bald ein Problem. Das sind die Herausforderungen unserer Zeit, Harald. Denen müssen wir uns stellen, und wir sind eben mitverantwortlich, dass der Laden gut läuft!"

* * *

Die Geschichte zeigt Ihnen das allgegenwärtige Dilemma im klinischen Alltag: Das medizinische Personal kann mit den wirtschaftlichen Kenn-zahlen wenig bis nichts anfangen. Deswegen tun sich Ärzte, wie Dr. Seibold, enorm schwer, für diese (ihnen) „neue Materie" Verständnis aufzubringen. Aber: Eine Klinik ist auch ein (Wirtschafts-) Unternehmen. Genauso wie ein Supermarkt, eine Produktionsfirma oder eine soziale Einrichtung. Sie hat ihren individuellen Zweck zu erfüllen. Und sie muss Geld verdienen, wie jedes andere Unternehmen auch. Eine wirkungsvolle Führungskraft sollte daher zwei Dinge besonders gut können: **Mitarbeiter entwickeln und fördern** und **den Unternehmenszweck vermitteln und erfüllen**. Dann lässt sich vielleicht so manches Unverständnis, wie in unserer Geschichte, vermeiden.

Welchen Zweck hat die Klinik?

Welche Aufgabe hat die Klinik und welche Leistung muss sie erbringen? Die primäre Aufgabe einer Klinik ist die Patientenversorgung in allen ihren verschiedenen Formen (z.B. Notfallversorgung, Rehabilitation, ambulante medizinische Versorgung). Darüber hinaus zählen noch weitere Bereiche zu den individuellen Aufgaben einer Klinik. Dazu gehört zum Beispiel die Aus- und Weiterbildung von Ärzten und medizinischem Pflegepersonal, ebenso – besonders an den Universitätskliniken – die klinische Forschung und die Verbreitung neuer medizinischer Kenntnisse. Eine weitere individuelle Aufgabe einer Klinik besteht in der Koordination der Versorgungsaktivi-täten zwischen unterschiedlichen Versorgungsbereichen (stationär, ambulant und rehabilitativ). Außerdem hat eine Klinik gesellschaftliche Aufgaben zu erfüllen, zum Beispiel die flächendeckende Gesundheitsversorgung. Und dann ist eine Klinik auch ein wichtiger Auftraggeber und damit Arbeitgeber, auch für Zuliefererbetriebe. Das alles bildet den individuellen, weit verzweigten Zweck des Unternehmens „Klinik" ab.

In den letzten Jahren hat sich die Funktion der Kliniken innerhalb des Gesundheitswesens stark verändert. Der Grund dafür ist wiederum eine Veränderung des Gesundheitswesens an sich. Kliniken werden zunehmend auch in die Leistungserbringung anderer Sektoren mit einbezogen (z. B. ambulante Versorgung). Und dann kommt natürlich noch der Umstand „immer knapper werdender Kassen" hinzu: Kliniken können heute nicht mehr aus „dem Vollen schöpfen", sondern müssen rentabler arbeiten denn je, also Geld verdienen, mindestens aber wirtschaftlich und profitorientiert arbeiten. Im Klartext heißt das: Der individuelle Zweck von Kliniken ist es, Patienten zu versorgen und deren Gesundheit wiederherzustellen oder zu erhalten, und dafür ausreichend vergütet zu werden. Damit sind sie auch moderne Dienstleistungsunternehmen, die mit betriebswirtschaftlichen Mitteln auf ihrem Markt operieren, um Geld zu verdienen. Nur so können sie ihren individuellen Zweck, die Gesundheitsversorgung, erfüllen.

Unternehmenszweck einer Klinik:
1. Versorgung der Patienten, Sicherstellung der medizinischen Versorgung, Forschung usw.
Aber auch:
2. Geld verdienen.

Haben Führungsebene und Mitarbeiter diesen Unternehmenszweck erst einmal verstanden und verinnerlicht, geht es daran, diesen gezielt umzusetzen. Verstehen es alle Beteiligten, einen guten Job abzuliefern, schaffen sie zum einen die Voraussetzungen, diesen Zweck zu erfüllen. Aber sie erreichen damit noch mehr: Sie steigern den Ruf ihrer Klinik in der Öffentlichkeit und führen eine Sogwirkung für die Außendarstellung ihrer Klinik herbei. Am Ende sind sie selbst ein Produkt ihrer Klinik, und ihr persönlicher „Marktwert" und somit ihre berufliche Weiterentwicklung hängen nicht unerheblich vom Ruf und dem (wirtschaftlichen) Wohlergehen ihrer Klinik ab.

Wie erfüllen Sie den Unternehmenszweck?

Führungskräfte im medizinischen Bereich sollten diesen Zweck selbst verstehen, verinnerlichen und ihren Mitarbeitern vermitteln. Das gilt nicht nur für den Bereich der Patientenversorgung bzw. der medizinischen Leistungen, sondern auch für das „Geld verdienen". Dann erkennen auch die Mitarbeiter den höheren Sinn und identifizieren sich mit dem Unternehmen „Klinik". Schließlich bringen sie mehr Verständnis auf, zum Beispiel für Belange, wie sie in der Geschichte gezeigt wurden. In der Regel ist es viel leichter, Mitarbeiter für einen Unternehmenszweck zu begeistern als für die gewinnorientierten Eigentümer oder eine kaufmännische Verwaltung.

Gerade in der Medizin müssen Führungskräfte ihren Mitarbeitern vermitteln, dass eine Klinik auch effizient arbeiten muss. Nur so ist sichergestellt, dass sie ihre primäre Aufgabe, die bestmögliche Versorgung der Patienten, erfüllt. Eine wichtige Aufgabe der Führungskräfte ist es, auf Seiten der Ärzte genau dieses Verständnis zu schaffen. Können die sich mit den Themen „Geld verdienen" und „Wirtschaftlichkeit" nicht identifizieren, haben sie meistens auch Probleme, Verständnis für die Belange der kaufmännischen Führung aufzubringen. So entstehen Diskrepanzen, die der Effizienz und dem nachhaltigen Erfolg einer Klinik nicht förderlich sind.

Die ganzheitliche und damit erfolgreiche Erfüllung des Unternehmenszwecks erreichen Sie ohnehin nur über eine **gemeinsame Wertebasis**. Diese ist in den fünf Prinzipien der Führung definiert, die wir Ihnen im 3. Kapitel vorstellen:

- Verantwortung übernehmen
- Ergebnisorientierung
- Konzentration auf Stärken
- Positives Betriebsklima
- Vertrauen

Verwaltung und medizinischer Bereich müssen dafür sorgen, dass sie aufeinander zugehen und gegenseitiges Verständnis aufbringen. So entsteht eine gemeinsame Wertebasis. Sprechen Sie als Führungskraft mit Ihren Mitarbeitern positiv über diese Wertebasis. Tun Sie das regelmäßig und immer wieder.

Profitables Arbeiten ist notwendig, um Rücklagen zu bilden und Investitionen zu tätigen oder um vorgegebene Budgets nicht zu überziehen. Es sollte ein

Mittel zum Zweck, aber nicht reiner Selbstzweck sein. Ähnlich wie Sauerstoff: Sie brauchen ihn, um leben zu können, aber der Sinn unseres Lebens besteht ja nicht darin, ständig möglichst viel Sauerstoff zu atmen. In einer Klinik muss es selbstverständlich erst um die Menschen und Patienten gehen. Nicht um die Rentabilität. Lösen Sie also den Konflikt zwischen den Menschen und dem Kapital auf. Menschliche Entwicklung und Rentabilität sind keine Widersprüche: Sorgen Sie als Führungskraft dafür, dass alle Mitarbeiter Verständnis für den ganzheitlichen Unternehmenszweck Ihrer Klinik aufbringen und auch davon überzeugt sind, dass diese wirtschaftlich arbeiten muss. Dann denken sie aus freien Stücken mit und handeln entsprechend.

Je fokussierter die Menschen innerhalb einer Klinik für deren Zweck arbeiten, desto effektiver ist es. Eine wichtige Aufgabe für leitende Ärzte besteht deshalb darin, die Zeichen der Zeit zu erkennen und sicherzustellen, dass innerhalb der Klinik eine Gewinnkultur entsteht. Gewinn im monetären Sinne, wie für den Behandlungsstandard durch beispielsweise neueste Technologie, die aufgrund der guten Finanzlage angeschafft werden kann. So schaffen Sie eine Win-win-Situation für die Klinik, das Personal und letztendlich für den Patienten.

Umsetzung im Alltag

„Zeiten ändern sich, und Zeiten ändern dich!" Das zeigt Ihnen die Geschichte um Dr. Lunkenbeck und Prof. Weinert. Erkennen Sie sich in den Figuren der Geschichte wieder? Fehlt Ihnen auch (noch) oft das Verständnis für die Vorgaben der kaufmännischen Verwaltungen, die dafür verantwortlich sind, dass mit den verfügbaren Mitteln ordentlich gearbeitet werden kann? Sind die Zeiten voller Kassen nicht vorbei und werden auch nicht so schnell wiederkommen? Medizin ist heute eine Dienstleistung. Ein Markt, für den wirtschaftliche Gesetze mehr oder minder genauso gelten wie für alle anderen Märkte auch.

Eine gemeinsame Wertebasis zu schaffen, auf der der Unternehmenszweck von allen Beteiligten miteinander erfüllt wird, ist eine Herausforderung unserer Zeit. Selbstverständlich ist es schwierig, jahrzehntelang festgefahrene Strukturen aufzubrechen und zu verändern. Und ebenso selbstverständlich ist es, dass solche längst überfälligen Reformen nicht von heute auf morgen realisiert werden können. Aber: Sie müssen im medizinischen Umfeld auch „reformfähig" werden. Medizin muss heute wettbewerbsfähig sein. Dazu gibt es klare Vorgaben. Vom Gesetzgeber zum Beispiel aber auch feste betriebswirtschaftliche Kennziffern, wie DRG-System, Basisfallwerte, Relativgewichte, Fallzahlen, Case-Mix-Index, um nur einige zu nennen. Sie geben Ihnen einen Rahmen vor, wie die moderne Medizin heute und in Zukunft rentabel arbeiten soll. Wie im Fußball sind dies die Regeln, die eingehalten werden müssen. Die Gestaltung des Spiels zum Erfolg obliegt Ihnen! An Ihnen liegt die Umsetzung, wie Ihre Klinik oder Abteilung ihren Unternehmenszweck auch in wirtschaftlicher Hinsicht erfüllen kann. Dies den Ärzten und dem medizinischen Personal verständlich zu machen, ist eine wichtige Aufgabe der ärztlichen Führung.

Woran liegt es eigentlich, dass sich viele Kliniken schwertun, wirtschaftlich und rentabel zu arbeiten?

1. Stecken nicht viele Ärzte noch zu sehr in alten Strukturen fest und haben die Zeichen der Zeit noch nicht erkannt? Für sie fokussiert sich der Unternehmenszweck ausschließlich auf die Patientenversorgung. Sie erkennen nicht, dass „Geld verdienen" eine wichtige Voraussetzung ist, um den Dienst am Patienten überhaupt leisten zu können.
2. Viele Ärzte ignorieren einfach, dass ihr Job auch eine Dienstleistung ist, die Geld einbringen muss.
3. Viele Klinikärzte tun sich schwer, den Profitgedanken anzuerkennen. Hier ist der Konflikt zwischen Mensch und Profit nicht geklärt.

Das wirtschaftliche Minimalprinzip

Im Gegensatz zu anderen Branchen kann eine Klinik ihre Leistung nicht über den Preis erbringen. Die Behandlungskosten werden in der Regel von den Krankenkassen und privaten Versicherungen vorgegeben. Das heißt, hier kommt das wirtschaftliche Minimalprinzip zum Tragen, das besagt:

„Einen vorgegebenen Ertrag mit möglichst geringem Ressourceneinsatz zu erreichen."

Die Kosten sind noch immer eine heikle Sache und Konfliktstoff Nummer eins zwischen Verwaltung und medizinischem Bereich. Kosten- und ressourcenorientiertes Arbeiten ist aber eine zwingende Voraussetzung, um rentabel zu sein. Im Hinblick auf die Ressourcen können Sie dies aus unterschiedlichen Perspektiven betrachten.

Bei einer Perspektive können Sie sich fragen: „Was möchte ich im Idealfall gerne haben und wie kann ich das bekommen?" Diese Betrachtung ist den meisten Ärzten sicher die liebste. Aber sie birgt die Gefahr explodierender Kosten in sich.

Eine andere Perspektive lässt Sie fragen: „Welche Ressourcen sind wirklich notwendig, um den Patienten optimal versorgen zu können?" Dies ist sicherlich der schmerzhaftere Blickwinkel. Denn hier werden Sie mehr auf Widerstände stoßen, weil hier und da auch persönliche „heilige Kühe geschlachtet" werden müssen.

Ihre Aufgabe als Führungskraft ist es, bei den Mitarbeitern ein neues Bewusstsein für den wirtschaftlichen Unternehmenszweck zu fördern.

Vermitteln Sie wirtschaftliches Denken in Ihrer Klinik oder Abteilung und gegenüber der Verwaltung.

Machen Sie die folgenden Aspekte Ihren Mitarbeitern gegenüber klar:

- Die Qualität Ihrer Arbeit und Ihres Arbeitsumfeldes hängt von der wirtschaftlichen Situation der Klinik ab!
- Jeder trägt zum wirtschaftlichen Erfolg der Klinik in seinem Umfeld bei und ist dafür verantwortlich!
- Der persönliche „Marktwert" und die berufliche Weiterentwicklung sind unmittelbar verknüpft mit dem Erfolg und dem Ruf der Klinik!

Überzeugen Sie Ihre Klinikleitung von folgenden Aspekten:

- Ich möchte den wirtschaftlichen Erfolg der Klink, um optimale Behandlungsbedingungen (Geräteausstattung, personelle Ressourcen, modernes Erscheinungsbild usw.) zur Verfügung zu haben.
- Wirtschaftlicher Erfolg kann nur dann erzielt werden, wenn alle an einem Strang ziehen. Hierzu muss im Sinne der Entwicklungsknöpfe das Ziel und der Wille zur Zielerfüllung sowie das Selbstvertrauen individuell gefördert werden.

Ärzte müssen lernen, dass sie auch wirtschaftlich denken und handeln. Ein Arzt fragt sich selbstverständlich zuallererst: Wie helfe ich meinem Patienten und wie mache ich ihn wieder gesund? Das ist auch richtig so. Aber der Arzt sollte sich heute zum Beispiel auch fragen: Wie sorge ich dafür, dass meine Klinik in der Öffentlichkeit einen guten Ruf hat? Wie schaffe ich es, dass ich meine Patienten medizinisch optimal behandle und trotzdem ressourcengerecht arbeiten kann? Sind solche Denkmuster erst einmal bei der Ärzteschaft verankert, wird ein neues Bewusstsein für die wirtschaftliche Notwendigkeit entstehen.

Darüber hinaus sollte der Zwiespalt zwischen der kaufmännischen Verwaltung und der Ärzteschaft sukzessive aus der Welt geschafft werden. Die beiden „Lager" müssen lernen, nicht gegeneinander, sondern miteinander zu arbeiten. Eine gemeinsame Wertebasis schaffen! Ärzte sollten lernen, das Verhalten und die Ansichten der kaufmännischen Verwaltung zu verstehen und zu akzeptieren. Andererseits sollten sich die Kaufleute auch mit den Gegebenheiten, Details und Anforderungen der Dienstleistung „Medizinische Versorgung" und somit letztendlich mit den ausführenden Menschen befassen.

So entsteht gegenseitiges Verständnis und Vertrauen sowie ein positives Betriebsklima. Jeder kann sich auf seine Stärken und Aufgaben konzentrieren und übernimmt Verantwortung für seinen Bereich und auch für den des anderen. Damit erfüllen Sie den Unternehmenszweck Ihrer Klinik, arbeiten ergebnisorientiert und steigern nachhaltig ihre Effizienz. Dieser gemeinsame Zweck vereint Menschen und bündelt ihre Energie.

Kurz & knapp: Unternehmenszweck erfüllen

> Führungskräfte erfüllen den Zweck des Unternehmens, indem sie die Patientenversorgung sicherstellen, dabei ökonomisch handeln und die Mitarbeiter entwickeln.

- Erkennen und verinnerlichen Sie den Zweck Ihrer Klinik und teilen Sie diesen Ihren Mitarbeitern immer wieder mit.

- Schaffen Sie eine Profitkultur, indem Sie helfen:

  - Ressourcen zu schonen – und das Ihren Mitarbeitern klarmachen und vorleben.

  - die Einnahmen zu steigern. Ein verbesserter Ruf Ihrer Klinik in der Öffentlichkeit steigert die Fallzahlen. Dies passiert nicht zuletzt, indem Sie Ihre Mitarbeiter fördern durch fordern, damit Ihre Patienten zu „zufriedenen" Patienten werden.

- Fördern Sie Ihre Mitarbeiter! Vermitteln Sie ihnen den individuellen Zweck der Klinik und helfen Sie ihnen, diesen zu verinnerlichen. Schaffen Sie bei Ihren Mitarbeitern eine Ergebnis-/Profitkultur und helfen Sie ihnen, diese zu verstehen und umzusetzen.

- Steigt der Ruf der Klinik, erhöht sich die persönliche Reputation der Mitarbeiter und es gewinnen alle.

3. Aufgabe:

Systeme schaffen

Oh Mann, nicht schon wieder!

„Wo bleibt denn bloß der Alte?", schimpfte der Oberarzt Dr. Neuhof, sah erneut auf die Uhr und warf dann einen fragenden Blick in die Runde seiner Kolleginnen und Kollegen. An die 15 Ärzte hatten sich wie jeden Abend hier im Stationszimmer versammelt und warteten darauf, dass die tägliche Chefarztvisite endlich beginnen konnte. Doch der Protagonist ließ auf sich warten. Dr. Claussen, der junge Stationsarzt hier auf der allgemein-chirurgischen Abteilung, warf ebenfalls einen Blick auf seine Armbanduhr. Es war knapp 18:20 Uhr. Um acht wollte er mit seiner Freundin Martina ins Kino gehen. Heute war doch die Premiere des neuen James Bond und die Kinokarte hatte er ihr zum Geburtstag geschenkt. Dr. Claussen saß wie auf glühenden Kohlen. Aber nicht nur er. Jeden Abend dasselbe Theater: Oberärzte, Stationsärzte, Assistenten, die verantwortlichen Schwestern und Pfleger und ein paar PJler[1] trafen sich hier, um kollektiv auf den Beginn der One-Man-Show zu warten.*

„Tja, I am sorry, Dr. Suchecki! Aber das ist bei uns nun mal so", sagte Dr. Neuhof mit einem mehr oder weniger entschuldigenden Lächeln zu Dr. Tom Suchecki, einem US-Amerikaner, der normalerweise als Arzt am Dallas Memorial Hospital arbeitete. Das Klinikum und die Universität hatten mit den Amerikanern ein Austauschprogramm ins Leben gerufen. Suchecki und drei weitere amerikanische Kollegen hielten sich gerade zu einer Art Praktikum hier auf, um vom Chefarzt, Prof. Dr. Winfried Tutschke, zu lernen. Der Alte war ja auch eine Koryphäe auf seinem Gebiet. Doch der gut aussehende amerikanische Kollege mit den dunklen, sauber und adrett gescheitelten Haaren lachte nur beschwichtigend. „Alles okay, ich warte."*

„Darf ich mal durch!", rief Schwester Inge zum wiederholten Mal und schaute ziemlich genervt drein. Die Schwestern hatten schließlich alle Hände voll zu tun und die versammelte Meute störte bei der Arbeit. Das wussten sie alle, und jeder versuchte ihnen so gut es ging aus dem Weg zu gehen. „Können Sie bitte mal nach Herrn Berger schauen, Dr. Petersen? Der jammert und sagt, dass die Wunde juckt!" „Ja, Schwester! Ich komme gleich!", antwortete Dr. Petersen und wollte sich gerade einen Weg durch die wartende Menge bahnen. „Jetzt nicht!", sagte Oberarzt Dr. Neuhof und hielt Petersen an der Schulter. „Sie wissen doch, dass der Alte drauf besteht, dass wir hier alle auf ihn warten. Und zwar vollzählig!" „Und was wäre, wenn uns während*

---

[1] Medizinstudenten im Praktischen Jahr (PJ)

dieser Warterei einer wegstirbt?", fragte Petersen bissig zurück. „Dann ist der Alte dafür verantwortlich!", antwortete der schlanke Oberarzt mit der runden Studentenbrille auf der Nase. Und als er das ungläubige und auch ein bisschen verärgerte Gesicht des jungen Stationsarztes sah, fügte er hinzu: „Ich bin auch nur ein Rädchen im Getriebe des Chefs. Ich habe die Regeln nicht gemacht!"

Es vergingen noch ein paar Minuten des Wartens. Währenddessen drängten sich immer wieder Schwestern in das Zimmer, um dies und jenes zu holen. Der ein oder anderen schien es fast peinlich zu sein, dass sie auch Oberärzte zur Seite schieben musste. Aber das Pflegepersonal hatte ja seinen Job zu erledigen. Und nicht nur die Pfleger. „Mensch, ich muss noch drei Patienten aufklären!", murrte ein anderer Stationsarzt. Sie alle hatten eine Menge Arbeit, die sie für dieses Treffen unterbrochen hatten. Verständlich, dass jeder von den Anwesenden auf glühenden Kohlen saß. Die Damen und Herren hatten einen anstrengenden Tag hinter sich und wollten nach Hause. Mit jeder Sekunde, die verging, mehrte sich der Blick auf die Uhr und die kollektive Ungeduld wurde immer größer.

„Der Chef kommt!", sagte der junge PJler, der vorn am Eingang stand und von dort aus den Gang einsehen konnte. Augenblicklich standen alle mehr oder weniger stramm. Sicher nicht nur aus Respekt, sondern weil sie einfach keine Zeit mehr verschwenden wollten. „Na, meine Damen und Herren, sind Sie bereit?", fragte Prof. Tutschke munter. Er schien gut drauf zu sein und machte auch ein recht fröhliches und zufriedenes Gesicht. „Können wir los?"

Der junge PJler eilte voran in Richtung Zimmer Nr. 1. Vorher hatte er sich den Spender mit dem Desinfektionsmittel geschnappt. Als die Meute ankam, drückte er jedem einen Spritzer auf die Hand. So auch Dr. Claussen, dem jungen Stationsarzt. Er war der Letzte des Ärztetrupps, der kaum in das kleine Krankenzimmer passte. Und so stand Dr. Claussen ganz hinten. Eigentlich wollte er ja ganz vorne stehen, denn sein Chef hatte an dem Patienten Berger eine schwierige Operation bravourös vollzogen. Dr. Claussen war ein engagierter junger Arzt und angehender Chirurg und interessierte sich sehr für die Arbeit und das Können seines Chefs. Man konnte durchaus was vom Alten lernen. Aber es war so eng hier drinnen, dass er sich nicht an den anderen vorbeidrängen konnte. Er sah nur den Oberarzt vor sich und den Amerikaner, der genauso groß war.

„Das ist doch ganz normal, Herr Berger!", sagte Prof. Tutschke gerade. „Sie müssen schon ein wenig Geduld haben. Schließlich war das eine schwere Operation. Das dauert schon etwas, bis Sie wieder ganz auf den Beinen sind. Lassen Sie mich die Wunde mal sehen!" Jetzt drängelte sich Dr. Claussen doch nach vorne, und als er die dritte Reihe erreichte, konnte er sogar ein bisschen was erkennen. Der Professor öffnete eigenhändig den Verband und inspizierte die Wunde des Patienten. Als er fertig war, fauchte er Dr. Petersen, der für diesen Patienten zuständig war, an: „Das hätten Sie vor einer halben Stunde schon machen müssen!"

Weiter ging es ins nächste Krankenzimmer. Wieder dasselbe: Dicht aneinandergedrängt versuchten die Ärzte und Schwestern etwas von dem mitzubekommen, was ihr Chef zu den Patienten sagte oder was er an ihnen verrichtete. Wieder legte er selber Hand an. Dr. Claussen hatte es draußen auf dem Gang versäumt, seine Kollegen zu überholen, und bildete wiederum das Schlusslicht. Neben ihm standen die beiden PJler und schauten ihn fragend an. Sicher hätten auch sie gerne ganz vorne gestanden, um von ihrem Professor etwas zu lernen. Hier hinten konnte man zwar aus der Tiefe des Raums den Anschiss hören, den Oberarzt Dr. Neuhof kassierte. Warum und weshalb, allerdings nicht. Dann wurde es jedoch mucksmäuschenstill, weil jeder die kurze Erklärung zum Befund, zum Verlauf der Operation und zur weiteren Therapie hören wollte, die Dr. Tom Suchecki vom Chef bekam. Alle Stationsärzte und die PJler spitzten die Ohren.

„Ich operiere grundsätzlich nach dieser Methode, Herr Kollege Suchecki!", sagte Prof. Tutschke. „Das ist sehr interessant!", antwortete der amerikanische Gast in perfektem Deutsch, aber mit deutlich hörbarem Akzent. „Unser Chef, er durfte ja bei Ihnen lernen, hat diese Methode nun seit etwa fünf Monaten im Memorial etabliert und wir verzeichnen damit auch sehr gute Erfolge, Herr Professor." Es folgte noch ein Vortrag vom Chefarzt, für den er sich sehr viel Zeit nahm, was die anwesende Gefolgschaft erneut dazu veranlasste, auf die Uhr zu sehen. Auch Dr. Claussen warf einen Blick darauf und begann innerlich zu kochen. Es war schon kurz vor sieben und es standen noch fünf Zimmer bevor. Der Vortrag enthielt leider nicht sehr viel medizinisch Eingemachtes. Vielmehr ereiferte sich der Chefarzt, sich selbst, seine Arbeit und die stets voll belegte Bettenzahl in den Vordergrund zu stellen. „Ja, mein lieber Dr. Suchecki, darauf sind wir auch alle stolz hier, nicht wahr, meine Damen und Herren?" Prof. Tutschke warf einen Blick in die Runde. Alle nickten zustimmend. Klar, sie wollten nach Hause und waren mit ihrer Arbeit noch nicht einmal fertig. „Auf geht's, meine Damen und Herren, zum nächsten Zimmer!"

Draußen auf dem Gang wartete Schwester Maria, die immer ein freundliches Lächeln trug. Sie zupfte Dr. Claussen am Ärmel. Der blieb kurz stehen. „Dr. Claussen, wir haben gleich Schichtwechsel", sagte die nette Schwester leise. „Wir bräuchten noch die letzten Änderungen von Ihnen!" „Kann ich Ihnen leider erst geben, wenn die Visite vorbei ist", antwortete Claussen ebenso leise. „Aber wir warten schon eine halbe Ewigkeit." „Wir haben auch eine halbe Ewigkeit auf den Chef gewartet. Aber keinen Stress. Wir sind fast durch!", meinte Dr. Claussen zynisch und eilte der Meute hinterher. In den restlichen Zimmern spielte sich genau dasselbe ab wie vorher. Der Chefarzt verlor sich in Unwichtigkeiten und Selbstgefälligkeit. Dazu kamen noch die zeitraubenden Vorträge für den amerikanischen Gast. Die Menge an glühenden Kohlen, auf denen jeder der Anwesenden saß, hätte mittlerweile wohl einen ganzen Lkw gefüllt. Und so zog die Karawane über die Station. Gegen 19:30 hielt der Chefarzt noch seinen üblichen Schlussvortrag, und dann verschwand er so schnell, dass es kaum jemand mitbekam. In Windeseile machten sich auch die Ärzte und Oberärzte auf, um ihre restlichen Arbeiten zu erledigen. Der reguläre Feierabend lag schon lange hinter ihnen.

„Geht noch ein Kaffee?", fragte Dr. Petersen Dr. Claussen, als der im Ärztezimmer gerade noch die letzten Vermerke in die Akten schrieb. Claussen sah auf die Uhr. „Ja, einer geht noch!", seufzte er. „Der Abend ist ja eh gelaufen!" Die beiden Stationsärzte gingen in die Kaffeeküche und ließen sich zwei große Tassen Latte Macchiato aus dem modernen Kaffeevollautomaten. „Meine Güte, war das wieder effektiv!", stöhnte Dr. Petersen. „Jetzt sind wir seit anderthalb Stunden unterwegs und eigentlich wissen wir gar nicht, was Sache ist." „Jeden Tag dasselbe", pflichtete ihm Dr. Claussen bei. „Erst kommt der Alte gar nicht und dann vertut er die ganze Zeit mit diesem Kleinmist." „Du sagst es! Und dann bekommen wir unser Fett weg, weil manches nicht erledigt wird", sagte Petersen und nahm einen kräftigen Schluck aus der großen Tasse. „In der Zeit, in der wir warten und nur in den Zimmern herumstehen, könnten wir all das schaffen, was er uns dann vorwirft!" „Wenn es wenigstens produktiv und informativ wäre, was er da sagt", beschwerte sich Petersen. „Aber sei doch mal ehrlich, wir sind doch alle nur Statisten, die dem großen Meister Begleitschutz gewähren." „Richtig!", bekräftigte Claussen. „Wir lernen nichts und vertun nur wertvolle Zeit. Und wenn wir was Konstruktives wissen wollen, dann werden wir genervt angeschaut. Alles dauert und dauert, und schon ist der Tag wieder rum."

„Wem sagst du das", brummelte Petersen und schaute betrübt zu Boden. „Eigentlich wollte ich mit meiner Freundin heute essen gehen. Sie hat sich schon seit Tagen darauf gefreut. Na ja, mal sehen, wie lange diese Beziehung noch hält ..." „Da geht's dir wie mir! Ich hatte Martina heute Abend ins Kino eingeladen. Wir wollten in den neuen James Bond. Die wird mir was erzählen."

Für einen Moment herrschte Schweigen in der Kaffeeküche. Die beiden jungen Ärzte machten betretene Gesichter. „Good evening!" Die beiden Ärzte schreckten auf. Dr. Tom Suchecki stand in der Tür. „Darf ich mich zu Ihnen gesellen?" „Klar! Kommen Sie rein, Herr Kollege!", sagte Petersen freundlich. „Möchten Sie einen Latte Macchiato?" „Oh yeah! Sehr gerne!", freute sich der Amerikaner in seinem typischen Slang. Dr. Petersen ließ dem Kollegen einen frischen italienischen Kaffee aus der Maschine. Der nippte an dem herrlich duftenden hellbraunen Getränk. „Oh, very good!" Es folgte ein wenig Small Talk zwischen den drei Ärzten. Suchecki erzählte ein bisschen von sich und seiner Klinik in den Staaten. Und wie es sich unter Medizinern gehört, folgten auch ein paar Fachsimpeleien. „Sagen Sie mal, sehr effektiv war das aber nicht, oder?", merkte Dr. Suchecki an, nachdem alle ihren Kaffee ausgetrunken hatten. „Was meinen Sie?", wollte Claussen wissen. „Na dieser ... how do you call it? Dieser ... dieser Rundgang with the Boss, with Prof. Tutschke." „Sie meinen unsere Chefarzt-Visite?", hakte Petersen nach. „Yes! Die Visite! Ist das bei euch immer so?" „Äh ..., ja!", räumte Petersen ein und schaute seinen Kollegen Claussen hilfesuchend an. „Ja, jeden Tag!", fügte dann Dr. Claussen hinzu. Der Amerikaner schaute etwas ungläubig. „Und was soll das bringen?", fragte Suchecki erneut. Claussen und Petersen schauten sich an und schwiegen für einen Moment.

„Effektiv ist das nicht, wie Sie das hier machen!" „Nein, effektiv ist das wirklich nicht!", stimmte Dr. Claussen zu. „Ich würde mir das auch ganz anders wünschen. So eine kleine Lehrvisite zum Beispiel, wo wir wirklich was davon haben." „That's it!", bestätigte Dr. Suchecki. „Das ist es ja, was ich nicht verstehe. Ihr Chefarzt, der Prof. Tutschke, ist doch ein weltweit anerkannter Chirurg." „Stimmt!", pflichtete Petersen dem amerikanischen Gast bei. „Unser Alter hat wirklich was drauf. Der kann was." „Ja, schon", sagte Claussen. „Aber so bringt das doch niemandem was. Sein Können, das er uns vermitteln soll, kommt auf diese Weise nicht bei uns an." „Du sagst es!" Petersen stimmte mit seinem Kollegen überein. „Und nur um jeden Abend zu demonstrieren, dass wir die Kings sind und dass bei uns die Betten voll sind? Das bringt doch auch niemandem was!" Die beiden Stationsärzte machten auf ihren amerikanischen Gast wohl einen ziemlich resignierten Eindruck, sodass dieser sich genötigt sah, ein bisschen aus dem Nähkästchen zu plaudern. „Also bei uns läuft so was ganz anders!", meinte er mit einem Lächeln. „Why don't you use a system? Ein System, um Menschen und die Organisation zu entwickeln!" „Ein System?", fragte Claussen ungläubig. „Was für ein System denn?"

* * *

„Ja, was für ein System?", werden auch Sie sich fragen. Und vor allem: Was soll so ein System denn bringen? Die Antwort ist einfach: Mehr Zeit, mehr Effizienz, weniger Fehler und bessere Ergebnisse. Kurzum: Mehr Leistung. Und das bedeutet auch mehr Erfolg.

Eigentlich sind Ihnen Systeme im klinischen Alltag nicht fremd: Denken Sie an die Einleitung der Narkose. Jeder weiß, was er zu tun hat. Die Abfolge der Einzelschritte ist nahezu jedes Mal identisch. Es gibt also ein System, das Ihnen hilft, ohne (viele) Worte und Absprachen standardisiert zu arbeiten. Je eingespielter das System im Team ist, umso schneller und sicherer wird die Einleitung zum Wohl des Patienten und der Klinik erfolgen.

Um Ihre Mitarbeiter zu führen, gibt es grundsätzlich drei Varianten: Sie können **direkt** führen, **indirekt über ein System** oder **gar nicht** führen. Bei der direkten Führung geben Sie konkrete Anweisungen in der konkreten Situation. Indirekte Führung beruht auf einem eingespielten Prozess, einem System, das automatisch abläuft, wenn es angestoßen wird.

Im Alltag bewährt: Die Kombination aus wenig direkter und viel indirekter Führung

Kommen wir zurück zum Beispiel der Narkoseeinleitung: Natürlich ist jede Einleitung anders. Die Dosierung der Medikamente, der Durchmesser des Tubus usw. variieren natürlich von Patient zu Patient. An dieser Stelle führen Sie direkt, indem Sie diese Parameter definieren. Sie geben klare Anweisungen, was Sie brauchen und wann es losgeht. Von da an läuft das System weiter, Sie führen indirekt. Die Kommunikation, die Missverständnisse, die Fehler können also auf ein Minimum reduziert werden. Für die Routineoperation ist das System vor allem für einen effizienten Ablauf des OP-Alltags wichtig und verkürzt die Einleitungszeiten. In der Notfallsituation ist das System ein wichtiger Halt, um auch unter extremem Stress exzellente Ergebnisse zu erzielen. Somit helfen Ihnen Systeme, die Sie in der Alltagssituation einhalten, im Notfall zu bestehen.

So funktionieren auch Fastfood-Restaurants: Die Ansage „was und wie viel" wird individuell durch den Kunden definiert, der Disponent an der Theke führt direkt die Bestellung aus, die Abläufe in der Küche folgen alle einem eingeübten System, das System führt somit indirekt. So kann auch in Stoßzeiten eine optimale Leistung erzielt werden. Einfach und hoch effizient!

Die Vorteile indirekter Führung

Aber warum fällt es uns in der Klinik so schwer, für die Entwicklung unserer Mitarbeiter Systeme zu entwerfen? Hier improvisieren wir, der eine schafft es gut, der andere weniger. Dabei ist die Ausbildung unserer Ärzte, unserer wichtigsten Führungskräfte im klinischen Alltagsbetrieb, von so zentraler Bedeutung.

Daher bedeutet „Systeme schaffen" im hier gemeinten Sinne, einen systematischen Prozess aufzubauen, um Menschen zu führen und damit zu entwickeln.

Es gilt der Grundsatz: Wenn Sie über ein System führen, sind Sie nachhaltig effizienter. Durch eine systematische, indirekte Führung wird Ihr Team oder Ihre Abteilung unabhängiger von Einzelpersonen. In diesem Fall von Ihnen selbst. Zudem ergeben sich weniger Fehler, weil Sie ein geschaffenes System immer weiter verbessern können. Dadurch sparen alle Beteiligten eine Menge Zeit, weil die Abläufe immer effizienter werden. Innerhalb eines Systems lassen sich konstante Leistungen auf hohem Niveau beständig erbringen, aber auch Menschen einfacher neu integrieren. Führungskräfte verschaffen sich durch Systeme mehr Freiraum, weil die systematisch organisierten Abläufe auch ohne sie funktionieren.

Systeme sind immer dann angebracht, wenn Dinge regelmäßig gleich auszuführen sind. Sie sorgen für eine einheitliche Vorgehensweise. Systeme fördern die Konzentration auf einen Ablauf. Mitarbeiter, die noch nicht so fähig oder erfahren sind, können sich vom System führen lassen und gute Leistungen erbringen. Erfahrenen und fähigen Mitarbeitern dient ein System als Konzentrationshilfe und setzt Kräfte frei.

Ein erfolgreiches System ist möglichst einfach. Es unterstützt ohne einzuschränken und kann flexibel an Neuerungen angepasst werden. Es soll Diener und kein Herr sein. Je weniger ein System von einer Führungskraft abhängt, desto besser ist es.

Umsetzung im Alltag

Unsere Geschichte beschreibt auch ein System. Befürchten nicht viele Chefärzte und Oberärzte – meist aus Unkenntnis –, dass sie selbst überflüssig werden? Und Hand aufs Herz: Pflegen Sie nicht auch manchmal eine Mentalität à la „Ohne mich geht gar nichts!" oder „Keiner kann etwas besser als ich selbst!"? Gerade im medizinischen Bereich kommt eine solche Aussage häufiger mal vor. Viele halten sich für besonders erfolgreich, wenn sie Abhängigkeiten kreieren. Doch gerade bei Ärzten ist diese Einstellung nicht nur kontraproduktiv, sondern falsch. Je besser und erfolgreicher ein Team, eine Abteilung oder eine ganze Klinik ohne Sie und Ihre direkte Intervention arbeiten kann, desto wertvoller sind Sie selbst. Desto mehr können Sie sich auf Ihre Funktion konzentrieren. Viele junge Ärzte, so wie Dr. Claussen und Dr. Petersen, würden sich mehr Gelegenheiten wünschen, von ihrem Chef lernen zu dürfen. Für Sie wie für jeden Führenden gilt: Es warten immer wieder neue, noch interessantere Herausforderungen auf Sie. Wie Sie wissen, ist eine Ihrer Kernaufgaben, Ihre Mitarbeiter zu verantwortungsvollen Ärzten zu entwickeln. Das schaffen Sie am einfachsten mit einem System.

Definieren Sie Ihr System

Der Klinikalltag ist von einer Vielzahl von Systemen geprägt. Aber sind alle auch wirkungsvoll im Sinne von nachhaltig und ressourcenschonend? Die tägliche Visite ist da nur ein Beispiel von vielen. Viele kleine Dinge, die im Klinikalltag nun einmal passieren, erscheinen dringender. Das Unvorhersehbare ist eben ein Charakteristikum des klinischen Alltags: der Notfall von außen, der dekompensierte oder reanimationspflichtige Patient. Umso mehr sind Systeme wichtig, die in der unvorhersehbaren Situation Orientierung geben, unabhängig von Personen. Systeme helfen Ihnen, Ordnung zu schaffen. Klagen Sie also nicht über chaotische Umstände, sondern sorgen Sie für mehr indirekte Führung. Die Versuchung ist groß, mehr als nötig direkt zu führen. Ohne wirkungsvolle Systeme müssen Sie immer mit direkter Führung kompensieren. Somit wird sich alles nur langsam oder gar nicht weiterentwickeln und vieles bleibt von Ihnen als Führungskraft abhängig.

Systeme sind wichtig, daher überprüfen Sie in regelmäßigen Abständen Ihre Systeme:

- Welche Systeme gibt es in Ihrer Klinik oder Abteilung?
- Sind die Systeme (noch) notwendig?
- Sind die eingesetzten (personellen) Ressourcen im Hinblick auf das tatsächlich erzielte Ergebnis angemessen?
- Müssen die Systeme angepasst werden?

Machen Sie sich die Mühe und ergründen Sie, wie es bei Ihnen tatsächlich aussieht. Gibt es bei Ihnen klare Abläufe oder wird viel improvisiert? Das Ergebnis gleichen Sie dann mit der Aufgabe bzw. dem Ziel Ihrer Klinik oder Ihrer Abteilung ab. Können Sie in Ihrem Bereich Systeme schaffen, um diese Ziele besser umzusetzen?

Legen Sie detailliert fest, welche Prozesse Sie entwickeln müssen. Definieren Sie Ihre Aufgaben klar. Suchen Sie dann die Leute aus, denen Sie die Umsetzung zutrauen. Fassen Sie schließlich die Beschreibungen aller Systeme Ihres Bereichs (Klinik, Station, Abteilung usw.) wenn möglich in einem Handbuch zusammen und machen Sie dieses allen zugänglich.

Schauen Sie dabei auch auf kleine und wiederkehrende Abläufe, in die Sie sich immer wieder neu hineindenken müssen. Welches System kann Ihnen dabei mehr Freiraum schaffen?

Kurz & knapp: Systeme schaffen

Systeme geben Orientierung und Sicherheit. Durch Systeme wird eine Organisation effizienter und personenunabhängiger.

☐ Wer Systeme schafft, muss weniger direkt führen, verringert die Fehlerquote (weil Abläufe immer wieder verbessert werden) und spart Zeit.

☐ Systeme garantieren eine konstante Leistung auf hohem Niveau, was Voraussetzung für Vertrauen ist.

☐ Je besser Ihre Abteilung ohne Sie zurechtkommt, desto wertvoller sind Sie.

☐ Wer keine wirkungsvollen Systeme installiert, muss das mit direkter Führung wettmachen.

☐ Bedenken und planen Sie die zu erwartenden Widerstände bei der Umsetzung von Systemen mit ein. Nehmen Sie sich Zeit, das System einzuführen und den Sinn zu vermitteln. Gehen Sie konsequent gegen Missbrauch vor.

☐ Erstellen Sie eine Ist-Analyse: Welche Systeme funktionieren? Was ist die Idee, der Zweck und das Ziel meiner Abteilung?

☐ Schauen und optimieren Sie immer wieder, ob weitere Systeme Ihren Klinikalltag wirkungsvoller machen.

☐ Definieren Sie, welche Stärken Mitarbeiter mitbringen sollten, um mit diesem System wirkungsvoll und effizient arbeiten zu können, und suchen Sie Mitarbeiter mit diesen Stärken.

☐ Erstellen Sie exakte Handbücher.

4. Aufgabe:
Delegieren

Keiner kann das so gut wie ich!

„So, das hätten wir auch wieder geschafft!", freute sich Dr. Mathias Steffen. Durch den Mundschutz klang das sicher ein bisschen unverständlich, aber jeder der anwesenden Ärzte und Pfleger war mit dem Gemurmel gut vertraut. Dr. Steffen schaute sich die Naht noch einmal an. Sie sah aus wie von einer Präzisions-Nähmaschine gezogen. Dann sagte er zu der OP-Schwester neben sich: „Schauen Sie bitte in einer Stunde noch einmal nach dem Patienten, ja?" „Klar, Dr. Steffen!", antwortete die Schwester, und auch ihre Stimme klang unter dem Mundschutz ein bisschen dumpf. „Aber wenn Sie das machen, dann wird das doch gut. Wie immer!"

Ein bisschen Stolz kam in dem knapp 32-jährigen Arzt auf, als er das hörte. Doch Dr. Steffen nickte nur und ging dann durch die große schwere Schiebetür hinaus in den Vorraum. Dort zog er den grünen OP-Kittel aus und warf ihn schwungvoll in den Wäschesack. Die hellblonden Haare des jungen Arztes waren verschwitzt und zerzaust. Beim Händewaschen schaute er in den Spiegel und blickte in ein müdes, erschöpftes Gesicht. Heute hatte er wieder den ganzen Tag assistiert. Wie in den letzten Jahren auch. Die Operationen an diesem Tag gehörten alle zu der Kategorie „Routine". Kleine Eingriffe nur. Wie oft hatte sich Dr. Steffen mit großer Ruhe und Sorgfalt in den Dienst des Operateurs gestellt. Jeden Handgriff kannte er aus dem Effeff. Vom Schnitt bis zur Naht. „Wir haben den Patienten gerade in den Aufwachraum gebracht!" Dr. Steffen erschrak, er hatte die OP-Schwester Agnes gar nicht hereinkommen hören. „Sehr gut. Danke." „Warum haben Sie denn diese OP nicht selbst gemacht?", wollte Schwester Agnes wissen. Sie war deutlich älter als Dr. Steffen. Eine kleine, rundliche Frau mit einem herzlichen Lächeln. Als sie ihre OP-Mütze abgenommen hatte, öffnete sie mit der linken Hand den Pferdeschwanz. Auch ihre Haare waren verschwitzt und verklebt. „Sie hätten das doch mindestens genauso gut drauf wie unser lieber Kollege Vollmert." „Da ist der Herr Dr. Vollmert wohl anderer Meinung", meinte Dr. Steffen und zwang sich ein schwaches Lächeln ab. Humor ist schließlich, wenn man trotzdem lacht. „Machen Sie sich nichts draus", tröstete Schwester Agnes und klopfte dem Assistenzarzt aufmunternd auf die Schulter. „Ich bin schon so viele Jahre hier an dieser Klinik. Glauben Sie mir, das hat nichts mit Ihnen persönlich zu tun. Die Herren Oberärzte und Chefärzte meinen immer, keiner könne etwas besser als sie selbst. Ihre Zeit wird auch noch kommen!"

Im Nachbarsaal: Chefarzt Dr. Gröwe war gerade mit der Naht fertig geworden und seufzte tief. Er war erschöpft. Um nicht zu sagen, vollkommen

erledigt. Er hatte bereits um halb vier Uhr morgens mit einer Notfall-OP be-
gonnen, und jetzt war es schon 18:30 Uhr. Er wankte kurz und stützte sich
erst einmal am OP-Tisch ab. Sein junger Assistenzarzt, der sich gerade dar-
anmachte, die frisch genähte Wunde zu desinfizieren, sah erschrocken auf.
„Ist alles in Ordnung, Herr Professor?" „Ja, ja ... Es geht schon!", antwortete
Gröwe. Aber es ging nicht. Seine Akkus waren einfach leer. Er verließ den
Tisch und ging hinaus in den Umkleideraum. Dort entledigte er sich seiner
OP-Klamotten und ließ sich erst einmal auf die Bank vor seinem Spind fal-
len. Drei Operationen hatte er hinter sich. Jede war erfolgreich verlaufen,
aber jede hatte ihm alles abverlangt. Er schaute auf die Uhr. Zwanzig vor
sieben. Aber vor ihm lag noch eine knappe Stunde Schreibtischarbeit. Also
schnell die Hände waschen und dann noch ins Büro. Gröwe griff in seine
Tasche und zog eine Dose Energy-Drink hervor. Schon die fünfte an diesem
Tag. Natürlich war das alles andere als gesund, das wusste er als Arzt nur
allzu gut. Doch was sollte man machen ... Diese kleinen Aufputschwässer-
chen machten ihn im Nu wieder fit. Also öffnete er resigniert die Dose und
kippte den Inhalt in einem Zug hinunter. So, jetzt ging es weiter.

Inzwischen war Dr. Steffen auf der Intensivstation angekommen. Auf dem
Weg dorthin dachte er nach. Ja, Schwester Agnes hatte recht: Diese Opera-
tion hätte er ohne nennenswerte Probleme auch selbst erledigen können.
Und das wurmte ihn ein bisschen. Nun war er seit vier Jahren hier an der
Klinik, hatte bei so vielen OPs erfolgreich assistiert, aber noch keine in eige-
ner Verantwortung absolvieren dürfen. Und dabei gab er sich stets solche
Mühe, um seinen Chef- und Oberärzten zu zeigen, dass er mehr drauf hatte,
als diese ihm scheinbar zutrauten. Jeden Morgen war er als einer der Ers-
ten in der Klinik und zu jedem Dienstschluss einer der Letzten, die gingen.
Er engagierte sich, und die Arbeiten, die man ihm übertrug, gaben selten
Anlass zur Kritik. Wie jeder seiner jungen Kolleginnen und Kollegen brannte
er darauf, endlich einmal selbst operieren zu dürfen.

Nach Dienstschluss steuerte der schmächtige Arzt mit dem sauber ge-
pflegten Bart noch einmal das Besprechungszimmer an. Dort hing der
OP-Plan. „Hallo Mathias!", rief ihm ein Kollege zu, der ihm auf dem Gang
entgegenkam. „Na, was hast du heute alles machen dürfen?" „Nähen und
Hacken halten, wie ein dressierter Affe!", antwortete Steffen mit einem
selbstironischen Lächeln. „Und du?" „Auch nicht viel mehr!", erwiderte
sein junger südländisch aussehender Kollege. „Du kennst doch unseren
Chef. Der Gröwe muss doch sogar die Pflaster selbst kleben, weil er meint,
das kann außer ihm keiner. Und wem hast du assistiert?" „Dem Vollmert!"

„Also auch Statist!" Der andere Assistenzarzt lachte. „Dann wünsch ich dir noch einen schönen Feierabend. Ich geh jetzt noch ins Fitnessstudio. Power genug habe ich ja, wenn ich den ganzen Tag hier nur zusehen darf." „Wo er recht hat, da hat er recht", dachte sich Dr. Steffen. Und doch: Wie an jedem Abend, an dem er zu Dienstschluss ins Besprechungszimmer ging, hoffte der junge Arzt auch heute, dass endlich sein Name einmal auf dem OP-Plan stand. Er wusste ja, dass morgen drei kleine OPs geplant waren. Alles Eingriffe, die er beherrschte. Und wie jeden Abend spürte er das gewisse Kribbeln der Vorfreude, endlich die erste OP übertragen zu bekommen. Steffen marschierte schnurstracks auf den Plan zu und las hastig die Namen der Operateure: Gröwe, Vollmert, Schneider und wieder Vollmert, Gröwe, … Steffen? Fehlanzeige! „Mist", dachte er sich, und das kribbelnde Gefühl der Vorfreude schlug wieder in Frust um. „Was mache ich nur falsch?" Über diese Frage zermarterte sich Dr. Steffen schon die letzten Monate das Gehirn. „Habe ich vielleicht doch nicht das Zeug zum Chirurgen? Mag mich der Chefarzt nicht? Oder der leitende Oberarzt? Reicht es nicht, wenn ich meine Arbeit so gut wie möglich erledige? Muss ich denen vielleicht in den Arsch kriechen? Vielleicht sollte ich die Klinik wechseln? Oder ist der Arztberuf doch nichts für mich?" Dr. Steffen setzte sich auf einen Stuhl und seufzte. Einen tiefen, verzweifelten Seufzer. Er ließ den Kopf sinken.

In diesem Moment flog die Tür auf. Steffen wurde jäh aus seinem negativen Gedankenkarussell gerissen, als sein Chef hereinstürmte. „Guten Abend Steffen!", rief dieser im Vorbeirauschen. „Lassen Sie sich nicht stören. Ich hab nur was vergessen!" In Windeseile hatte der Chefarzt die Patientenakte aus dem Schrank geholt und wollte schon wieder gehen. Doch Dr. Steffen stand entschlossen auf und stelle sich ihm in den Weg. „Herr Professor, warum lassen Sie mich keine Operationen machen?", fragte Steffen geradeheraus. „Ich bin nun schon seit vier Jahren bei Ihnen und außer Assistieren, Wundversorgung und Kleinstoperationen durfte ich bis jetzt nichts machen." Der Alte war in Eile und wollte nach Hause. Aber der enttäuschte und mehr oder weniger hilfesuchende Blick in den Augen seines Assistenten verfehlte seine Wirkung nicht. „Ja, hm, Steffen!", antwortete der Chef und suchte nach Worten, um seinen Assistenten aufzumuntern. „Ihre Zeit wird kommen. Warten Sie nur ab!" „Wann, Herr Professor, wann?", fragte Steffen zurück. „Wie lange soll ich noch warten?" Die beiden Männer sahen sich in die Augen. Gröwe wusste, dass sein Assistent irgendwie recht hatte. Aber was sollte er denn machen. Das Primat der Obrigkeit konnte auch er nicht ändern. „Ich kann Sie verstehen, Steffen", erwiderte er deshalb. „Aber *sehen Sie, wir können derzeit keine Experimente machen. Wir stehen im Konkurrenzdruck zu den benachbarten Zentren. Darum werden alle OPs von denjenigen ausgeführt, die das halt am besten können. Und das sind nun mal wir. Die Gefahr, dass Sie was verbocken, ist einfach zu groß. Das wäre schlecht für Sie, für mich und für die Klinik!"*

Prof. Gröwe wohnte etwas außerhalb der Stadt in einem schmucken Einfamilienhaus. Als er vor seiner Garage stand und das sich langsam öffnende Tor beobachtete, dachte er: „Ich sehe mein Haus nur noch bei Dunkelheit. Morgens, wenn ich gehe, ist es dunkel. Und abends, wenn ich nach Hause komme, ist es ebenfalls Nacht." Dann stellte er seinen Wagen ab und ging ins Haus. Mittlerweile war es halb neun. Dr. Gröwes Frau saß im Wohnzimmer und sah fern. „Guten Abend Schatz!", grüßte Gröwe und drückte seiner Frau einen flüchtigen Kuss auf die Stirn. „Guten Abend!", antwortete Brigitte Gröwe. Die adrette Frau schaute ihren Mann mit großen Augen und einem fragenden und leicht vorwurfsvollen Blick an. „Die Kinder haben bis acht auf dich gewartet."

* * *

Richtiges Delegieren ist in der weit verbreiteten Praxis des Klinikalltags leider nur für unliebsame Stationsarbeiten und Hilfsdienste ein Begriff. Viele leitende Ärzte, wie Dr. Gröwe, arbeiten hart und im wahrsten Sinne des Wortes bis an den Rand der körperlichen und seelischen Erschöpfung. Auf der anderen Seite brennen junge Ärzte wie Dr. Steffen darauf, endlich auf der Karriere-, Verantwortungs- und Anforderungsleiter weiter nach oben steigen zu dürfen. Jede Maschine und jeder Motor hat eine Belastungsgrenze. Wird sie überschritten, geht das zu Lasten der Laufzeit. Im schlimmsten Fall versagt die Maschine ihren Dienst. Ein guter Arzt ist wie jede andere Spitzenkraft auch nur ein Mensch mit einer begrenzten Leistungsfähigkeit. Überschreiten sie diese, dann droht die Gefahr, dass ihre Kapazitäten den Dienst versagen. Sie können Fehler machen.

Stellen Sie sich die tagtäglichen Aufgaben im medizinischen Bereich der Einfachheit halber wie verschiedene Waren vor, die – wie früher in Südtirol – von einem Lastenträger über die Berge transportiert werden mussten. Sie liegen in einem Lager und warten darauf, dass ein Träger sie in seinen Strohkorb auf den Rücken lädt. Mit ein paar dieser Lasten kommt sicher jeder gut zurecht, der weiß, wie man sie zu transportieren hat. Mit etwas mehr ab und zu vielleicht auch noch. Wenn es aber zu viele werden ...

Wie viele Führungskräfte mögen es sein, die sich so viele Lasten auf den Rücken laden, dass sie sich unter diesem Gewicht krümmen müssen. Und wie viele Ärzte mag es wohl in Kliniken geben, denen es auch nicht anders geht als Dr. Gröwe in unserer Geschichte. Manche mögen sich vielleicht fragen, ob das denn alles seine Richtigkeit hat und was sie selbst tun könnten, um diese Situation zu verbessern. Leider hält es die Mehrzahl der Ärzte auch noch für ehrenwert, möglichst viele Lasten in ihren Körben auf dem Rücken umherzutragen. Sie nehmen ihren Mitarbeitern ihre Lasten auch noch weg. Anstatt ihrer Pflicht als Führungskraft nachzukommen, werden sie zu Aufgabensammlern. Bis sie zum Schluss so viele Lasten zu schleppen haben, dass sie sich jeder einzelnen Aufgabe überhaupt nicht mehr richtig widmen können. Und dafür erwarten die meisten dieser Ärzte auch noch Anerkennung. Die Wahrheit ist: Leitende Ärzte weichen mit diesem Verhalten ihren eigentlichen Aufgaben und ihrer Verantwortung als Führungskraft aus.

Hüten Sie sich vor den Lasten Ihrer Assistenten!

Kennen Sie folgende Situationen aus Ihrem Alltag? Ein junger Assistenzarzt kommt mit einem Problem zu Ihnen. Das kann eine unklare Diagnose sein, die Frage zu einer Behandlung und natürlich auch zum ein oder anderen Eingriff. Von Weitem schon sieht man die Last auf dem Rücken des Assistenten. Und ganz natürlich gehen viele Führungskräfte den Weg des geringsten Widerstands und übernehmen die Last einfach selbst. Sei es, weil das am schnellsten geht oder weil es für einen erfahrenen leitenden Arzt einfach ein Klacks ist, das mal eben selber zu machen. Ein leitender Arzt oder Chefarzt sollte jedoch in diesen Fällen nicht den weit verbreiteten Fehler machen und zulassen, dass die Last des Assistenten in den eigenen Tragekorb wandert (sprich: dem Assistenten die Aufgabe abnehmen und selber erledigen). Verantwortlich führende Ärzte müssen ihren Mitarbeitern helfen, die Angelegenheiten selbstständig anzugehen, und diese nicht für sie abarbeiten. Denn damit tun sie sich selbst und ihren Mitarbeitern nichts Gutes, im Gegenteil: Leitende Ärzte verschwenden dadurch nicht nur ihre eigene Zeit, sie unterstellen ihren Assistenten gleichzeitig indirekt, dass diese nicht in der Lage sind, ihre Aufgaben selbst zu erledigen oder Probleme eigenständig zu lösen. Doch genau das muss ein junger Mediziner lernen! Je mehr der leitende Arzt für ihn regelt, desto mehr nimmt er dem Nachwuchs die Möglichkeit, sich zu entwickeln. Junge Assistenzärzte werden dadurch nicht selbstständiger und erfahrener, sondern abhängig.

Hüten Sie sich vor zu vielen Aufgaben!

Das Beispiel von Oberarzt Dr. Gröwe in unserer Geschichte ist sicher keine exotische Ausnahme im Klinikalltag. Fragen Sie sich doch einmal ganz nüchtern: Wer hat eigentlich mehr zu tun – Ihre Assistenten oder Sie? Und dann geben Sie sich eine ehrliche Antwort. Wie viele Oberärzte mögen es in unseren Kliniken wohl sein, die mehr arbeiten (müssen) als ihre Assistenten? Dieser fatale Zustand hat noch weitere, nicht wünschenswerte Folgen, denn ein Oberarzt kann sich das eigentlich gar nicht leisten. Er braucht Freiräume für seine eigentlichen Führungsaufgaben.

Eine der wichtigsten Aufgaben von leitenden Ärzten ist es, auf keinen Fall zu viel zu arbeiten. Wer erfolgreich delegiert, optimiert das wirtschaftliche Prinzip und erreicht durch wenig Input deutlich mehr Output. Leider ist an unseren Kliniken noch ein anderer „Typ Mensch" unter leitenden Ärzten unterwegs: derjenige mit einem übergroßen Ego. Kennen Sie auch so einen Typ, der meint, keiner kann etwas so gut erledigen wie er selbst? Dieser Typ Mensch ist selbstverständlich alles andere als eine erfolgreiche Führungskraft. Wohl eher ein Narzisst, ein in sich selbst verliebter Selbstdarsteller. Die Grundregel eines gelungenen Zusammenlebens lautet: Gehen Sie erfolgreich Verbindungen mit den Menschen in Ihrer Umgebung ein. Hat jemand ein zu großes Ego, nimmt er anderen buchstäblich die Luft. Das fördert weder den Einzelnen noch die Gemeinschaft. Im Gegenteil, es hält auf und hindert andere. Sie als verantwortlich leitende Ärzte sollten sich einen wichtigen Grundsatz täglich vor Augen halten: Der medizinische Nachwuchs, die Assistenzärzte sind das Wichtigste, was Ihnen bei Ihrer Arbeit zur Verfügung steht. Behandeln Sie den Ihnen anvertrauten Nachwuchs entsprechend! Lernen Sie das erfolgreiche Delegieren und verbessern Sie es! Wer nicht delegieren kann, hat in einem Team nichts verloren. In vielen erfolgreichen Unternehmen der Wirtschaft wurden und werden herausragende Leistungen von Teams vollbracht. Dies gilt in besonderem Maße in der Klinik.

Umsetzung im Alltag

Spricht man nicht immer wieder von einem „Mangel an qualifiziertem Ärztenachwuchs"? Warum ist das so? Und: Haben Sie sich als leitender Arzt auch schon einmal gefragt, warum Sie so wenig Zeit haben? Vielleicht sind die Antworten auf diese Fragen gar nicht einmal so schwer. Manchmal wird das Potenzial des medizinischen Nachwuchses einfach nur unterschätzt. Viele junge Ärzte können viel mehr, als die Leitenden ahnen. Und manchmal fehlt den Führungskräften auch der Mut, um zu erkennen: Viele Aufgaben sind bei den jungen Medizinern oft besser aufgehoben als bei sich selbst. Das erkennen Sie ganz einfach schon daran, wenn sich junge Ärzte – wie Dr. Steffen aus unserer Geschichte – unterfordert vorkommen.

In der Mehrzahl der Klinikalltage werden Aufgaben auf zu hoher Ebene erledigt. Die Gründe dafür sind sicher vielfältig. Aber es bleibt falsch! Die Aufgaben sollten stets auf der niedrigstmöglichen Ebene erledigt werden. Das heißt: Kleine oder routinemäßige Eingriffe muss nicht der Oberarzt oder Chefarzt selbst vornehmen. Er kann und sollte diese an einen dazu fähigen Assistenzarzt delegieren. Wenn Ärzte nicht delegieren, erreichen sie auf lange Sicht genau das Gegenteil von dem, was sie eigentlich anstreben. Dazu braucht es jedoch Interesse, andere Menschen zu entwickeln. Wird nicht delegiert, werden viele Ärzte zunehmend überfordert und sind über-arbeitet. Der Nachwuchs bleibt dadurch auf der Strecke.

Delegieren heißt: Ressourceneffizient und nachhaltig zu arbeiten und dabei Menschen zu entwickeln. Und zwar im Sinne einer ausgewogenen täglichen Herausforderung und persönlichen Entwicklung der Mitarbeiter. Damit binden Sie Ihre Ärzte ans Haus. Das hilft wiederum, finanzielle und perso-nelle Ausfälle zu vermeiden.

Erfolgreich Delegieren heißt auch: Schaffen Sie zunächst einmal Systeme. Zum Beispiel einen Entwicklungsplan für Assistenten, oder Kontrollpunkte und Personalgespräche zur Entscheidungsfindung („Bin ich hier richtig?", „Was sind Alternativen?", „Wie kann ich mich weiterentwickeln, innerhalb oder außerhalb der Klinik?"). So entsteht ein gutes Arbeitsklima. Die Klinik wird als attraktiver Arbeitgeber wahrgenommen und hat motivierte Mitar-beiter, die gute Ergebnisse in der Klinik bewirken. Und: Systeme schaffen Freiräume, um auf Unerwartetes zu reagieren!

Treten Sie deutlich zurück, damit der Nachwuchs gefordert und gefördert wird. Überlegen Sie, welche Aufgaben Sie delegieren können. Fragen Sie sich ehrlich und ernsthaft: Muss ich das wirklich selber machen? Wägen Sie das Risiko ab und entscheiden Sie dann, an wen Sie welche Aufgabe delegieren können. Führen Sie anschließend ein Gespräch mit Ihrem Mitarbeiter, das wie folgt aufgebaut sein sollte:

Tipps für ein erfolgreiches Delegationsgespräch

- Erklären Sie die Aufgabe und was der Mitarbeiter tun soll so **konkret** wie möglich. Erklären Sie **den Sinn** an der Aufgabe.
- Zeigen Sie auf, **was genau** Sie im Einzelnen erwarten, worauf Sie besonders Wert legen und was es zu beachten gibt.
- Erklären Sie detailliert und präzise den zeitlichen Rahmen und was an dieser Aufgabe am wichtigsten ist. Schauen Sie, dass die Aufgabe realistisch umsetzbar ist.
- Vergewissern Sie sich, dass der Mitarbeiter Ihre Anweisungen verstanden hat, indem Sie Verständnisfragen stellen und ihn **die Aufgabenstellung in seinen eigenen Worten wiederholen lassen.**
- Halten Sie die besprochene Aufgabe **schriftlich** fest.
- Übertragen Sie ihm die **Verantwortung** und sorgen Sie für alle nötigen Hilfsmittel, die der Mitarbeiter für die Umsetzung braucht. Viele leitende Ärzte wissen oft gar nicht genau, wer die finale Verantwortung zu tragen hat, wenn sie delegieren. Richtig handeln Sie, wenn Sie die Verantwortung nach innen an Ihren Assistenten abgeben. Nach oben und nach außen behalten Sie diese. Der Assistent trägt allerdings die Verantwortung Ihnen gegenüber. Sollte doch etwas schiefgehen, sind primär Sie in der Verantwortung, denn **nach außen behalten Sie die Verantwortung.** Fehler, die Ihr Mitarbeiter verursacht hat, ergründen Sie mit ihm zusammen in einem Vier-Augen-Gespräch.
- Halten Sie, wenn nötig, Etappenziele fest und teilen Sie dem Mitarbeiter ein **Kontrolldatum** mit.
- Assistieren und kontrollieren Sie und geben Sie Ihrem Mitarbeiter eine **Rückmeldung.**
- Setzen Sie die **Entwicklungsknöpfe** ein und leiten Sie bei Bedarf um (siehe: 2. Hilfsmittel der Führung „Umleiten").

Kurz & knapp: Delegieren

Delegieren ist die Fähigkeit, Aufgaben so zu übergeben, dass man mit der Qualität dessen, was zurückkommt, zufrieden ist. Die Einstellung ‚Ich mache das lieber selbst!' ist eine Bankrotterklärung an die Fähigkeiten, andere wirkungsvoll zu führen und zu entwickeln.

☐ Je mehr Sie für Ihre Mitarbeiter regeln, desto abhängiger machen Sie sie von Ihnen.

☐ Hüten Sie sich vor zu vielen Aufgaben. Halten Sie ausreichende Ressourcen Ihrer Zeit für Unvorhergesehenes frei.

☐ Delegieren Sie auf die niedrigstmögliche Ebene.

☐ Beim Delegieren übergeben Sie nach innen Verantwortung; nach außen und oben behalten Sie sie.

☐ Delegieren heißt zurücktreten, damit andere sich entwickeln können.

☐ Setzen Sie bei längeren Vorhaben Etappenziele, die Sie kontrollieren.

5. Aufgabe:
Kontrollieren

Ich hab die Nase voll!

Die neue Kantine des Uni-Klinikums lag im Parterre gleich neben dem Foyer. Anke und Klaus saßen an einem der Tische im vorderen Teil. Die beiden PJler hatten sich gerade je ein Tagesmenü geholt. Neben der höchst erfreulichen Tatsache, dass man hier in sehr angenehmem Ambiente speisen konnte, war das Essen wirklich gut und vor allem preiswert. Hier wurde jeder satt, musste nicht viel dafür hinlegen, und es schmeckte. „Schau mal, da kommt Volker!", sagte Klaus und zeigte in Richtung der großen Theke. Volker, auch ein PJler, ging mit hängenden Schultern schlurfend und mit recht deprimierter Miene durch den Speisesaal. Er schaute einfach nur starr geradeaus. Man sah dem jungen, groß gewachsenen Mann an, dass er alles andere als gut drauf war. „He Volker!", rief Klaus. „Was ist denn mit dir los? Du siehst ja aus wie sieben Tage Regenwetter. Komm, setz dich zu uns!"

Volker blieb stehen und schaute seine beiden Kollegen an. Sein Blick war leer und er schien gar nichts zu kapieren. „Ja komm, setz dich an unseren Tisch!", lud ihn auch Anke ein. Jetzt schien Volker wieder im Hier und Jetzt anzukommen. Ein wenig lächelte er sogar und meinte: „Ich hab euch gar nicht registriert! Klar setz ich mich zu euch!" „Du siehst aus, als sei dir eine Laus über die Leber gelaufen. Warum bist du so schlecht drauf?", fragte Klaus und Volker seufzte tief. „Ach, ich hab die Nase voll!", antwortete Volker, und sein Lächeln war wie weggeblasen. „Am liebsten würde ich alles hinschmeißen, wisst ihr ..." „Warum das denn?", fragte Anke erstaunt. „Mensch, du bist doch einer der Besten von uns allen!" „Der Seidel geht mir so was von auf den Sack!", schimpfte Volker jetzt und warf wütend seine Gabel auf den Teller. „Ich glaub, ich geh zum Chef und lass mich auf eine andere Station versetzen, ansonsten bin ich hier weg!" „Jetzt mal ruhig bleiben, Volker!", versuchte Anke ihren Kollegen zu beruhigen. „Was hast du denn für ein Problem mit dem Seidel?" „Eins, pah, schön wär's", empörte sich Volker. Seine Stimme wurde aggressiv. „Der Seidel macht mich fertig! Vor zwei Tagen hat er mir einen Patienten übergeben und gesagt, ich soll ihn betreuen. Also hab ich die Aufnahme gemacht, alles zusammengestellt, hab die Tabletten gerichtet, alles getan, hab mich mit dem Hausarzt in Verbindung gesetzt und rumtelefoniert. Ihr wisst schon, die ganze Palette halt. Alles was dazugehört. Die Anfangsuntersuchungen veranlasst und teilweise selber gemacht. Und so weiter und so weiter. Ich hatte echt eine Menge zu tun. Er hat sich nicht einmal blicken lassen!" „Ja und?", hakte Klaus nach. „Ist doch toll!" „Toll?", antwortete Volker zornig. „Eigentlich ja, aber heute war Chefarzt-Visite!" „Und?", meinte Anke verwirrt. „Und? Tja", fuhr Volker fort, „der Chef kam rein und ich hatte bei all dem Stress vergessen, einen Patienten bei der Lufu[2] anzumelden. Der hat grade, als wir Visite machten, auf dem letzten Loch gepfiffen." „Oh Mist!", entfuhr es Klaus. „Ui, gar nicht gut", musste auch Anke zugeben. „Was hat der Chef gemacht?" „Na was wohl – einen riesigen Anschiss habe ich mir eingefangen", erzählte Volker und schüttelte enttäuscht und genervt den Kopf. „Okay, das hab ich auch verbockt. Sehe ich ein. Aber der Anschiss vom Alten war ja noch gar nicht das Schlimmste." „Sondern?", wollte Anke wissen. Die junge Frau lehnte sich in ihrem Stuhl zurück und sah Volker fragend und gespannt an. „Dann kam auch noch der Seidel und hat mich derart angepisst. So eine linke Ratte. Kümmert sich um gar nichts, lässt mich mit der gesamten Station tagelang alleine und wenn ich mal was falsch mache, dann zieht er über mich her." Volker schüttelte erneut genervt und deprimiert den Kopf. „Der macht sich das einfach. Verschwindet im OP, macht nebenbei seine Forschungen und lässt uns einfach im Regen stehen. Anstatt sich mal zu kümmern, zieht der nur über einen her und macht uns so was von nieder, wenn mal was nicht so gut läuft. Ich hab keinen Bock mehr. Das war ja nicht das erste Mal. Nee, nicht mit mir!"

Man konnte dem jungen, schmächtigen Mann ansehen, dass ihm das wirklich alles an die Nieren ging. Anke legte ihm tröstend die Hand auf die Schulter, aber wirklich helfen konnte sie ihm damit nicht. „Kopf hoch, es gibt Schlimmeres!", versuchte auch Klaus einen Aufmunterungsversuch. Volker, der eine Zeit lang vor sich hin gestarrt hatte, schaute ihn fragend an. „Was kann da denn schlimmer sein, hm?" „Du hast wenigstens Patienten, die du betreuen darfst. Bei uns der Gögel, ich sag dir, das ist vielleicht alles zum Kotzen! Jeden Furz, den du machst, muss der kontrollieren. Wirklich jeden." „Und warum ist das schlimmer?", wunderte sich Volker. „Sei doch froh, wenn sich bei euch jemand drum kümmert und sich dafür interessiert, was ihr macht. Der Seidel kontrolliert nie was! Er scheißt uns nur an, wenn wir was falsch gemacht haben." „Man kann auch alles übertreiben!", gab Klaus zurück. „Dieses pedantische Getue vom Gögel nervt. Echt Mann! Alles muss der nachprüfen. Wirklich jedes noch so kleine Detail. Und vor allem auch Dinge, die mit der eigentlichen Sache gar nichts zu tun haben. Es ist ja nicht so, dass uns der Gögel was überträgt und dann nur das Ergebnis kontrolliert. Der guckt sich ja sogar den Kugelschreiber an, mit dem ich den Bericht schreibe." „Aber er kümmert sich um das, was seine Leute tun!",

---

[2] Lungenfunktionsprüfung

blieb Volker bei seiner Meinung. „Nicht so wie dieser arrogante Seidel, dem alles völlig egal ist." „Ja, schon!", räumte Klaus ein. „Aber man kann auch alles übertreiben. Fehlt nur noch, dass der Gögel die Drehung der Klebchen überprüft, die ich aufs EKG geklebt habe. Oder meine Schrift, mit der ich die Fläschchen beschriftet habe. Was weiß ich, was noch alles kommt. So was ist wirklich nervend!" „Na ja, das stimmt auch, das ist wirklich übertriebene Kontrolle!" „Schau doch mal. Du hast wenigstens Patienten, an denen du arbeiten kannst", hob Klaus erneut hervor. „Du lernst dabei was. Ich nicht! Auch wenn du dir ab und zu mal was anhören musst. Das ist doch nicht so schlimm."

So ging es noch eine Weile hin und her zwischen den beiden jungen Männern. Anke hörte sich das alles an, hielt sich aber betont zurück. Erst als die beiden angehenden jungen Ärzte ihre Frustkanonaden verschossen hatten, sagte sie: „Also wenn ich euch beiden so zuhöre, dann habe ich fast ein schlechtes Gewissen wegen meiner Station und meiner Arbeit." Ihre beiden männlichen Kollegen schauten Anke ungläubig an. „Wie, du hast ein schlechtes Gewissen?", fragte Volker. „Weshalb denn?" „Na ja, wie mir scheint, habe ich das große Los gezogen." „Was meinen Sie denn mit ‚großes Los gezogen', liebe Frau Kollegin?", entgegnete Volker und grinste dabei sogar ein bisschen. „Ja, das würde ich auch gerne wissen!", meinte Klaus. Also fing Anke an, von ihrer Station zu erzählen. Dort herrschte ihrer Aussage nach ein wirklich vorbildliches Betriebsklima. Alles war sauber und ordentlich organisiert und jeder arbeitete respektvoll und verantwortungsbewusst miteinander. Ganz besonders schwärmte Anke von ihrem Oberarzt und ihrem verantwortlichen Stationsarzt. „Mit Dr. Fritz haben wir so einen tollen Stationsarzt", lobte sie. „Der macht das genau so, wie es sein sollte. Er gibt uns zum Beispiel die EKGs zu Vorbefunden. Dann setzt er sich jeden Mittag eine halbe Stunde mit uns hin und wir besprechen sie. Heute durfte ich sogar zum ersten Mal einen Zentralen Venenkatheder legen." „Wow ...!", zog Klaus die Augenbrauen hoch. „Wie kam das denn?" Und auch Volker machte seine Anerkennung durch ein leises Pfeifen deutlich. „Er hat mich einfach gefragt, ob ich einen ZVK legen möchte." „Einfach so?", Volker konnte es kaum glauben. „Ja, einfach so!", antwortete Anke. „Nun erzähl schon mehr!", meinte Klaus ungeduldig. Volker unterstützte diese Forderung mit einer Handbewegung. Auch er sah sehr interessiert aus. „Also, er kam direkt zu mir und fragte mich, ob ich das machen will", kam Anke dem Wunsch nach, und ihre beiden Kollegen hingen gespannt an ihren Lippen. „Selbstverständlich hab ich sofort ja gesagt. Dann sollte ich erst einmal die nötigen Sachen packen. Er hat sich das Ganze dann angesehen und *kontrolliert, hat noch was beigelegt und mir Tipps gegeben. Natürlich hatte ich wieder einmal die Tupfer vergessen, wie blöd. Dann sind wir den ganzen Prozess noch einmal durchgegangen, bevor wir beim Patienten waren."*

„Klasse, der Typ!", sagte Volker anerkennend und ein bisschen neidisch. „Seidel hat das mit mir nie gemacht. Und, hast du dann den ZVK allein gelegt?" „Ja!", antwortete Anke stolz. „Dr. Fritz ging zwar mit, aber er hat sich nur danebengestellt und beobachtet, ob ich auch alles richtig mache. Dann hat er mir noch ein paar Tipps gegeben, die Schulter ein bisschen reguliert, damit ich besser stechen kann. Und er war die ganze Zeit da und hat mir und dem Patienten das Gefühl vermittelt, dass nichts schiefgehen kann. Wenn ich was wissen wollte oder unsicher war, konnte ich ihn fragen." „Klasse!", meinte jetzt auch Klaus. „Ja, das war echt eine tolle Erfahrung heute, es hat tatsächlich problemlos geklappt, aber ich war auch ziemlich aufgeregt!", strahlte Anke. „Vielleicht frag ich den Chefarzt, ob er mich nicht auch in eure Abteilung versetzt", scherzte Volker. „Das kannst du schön vergessen, mein Freund!", konterte Klaus in ebenfalls scherzhaftem Ton. „Wenn die noch einen nehmen, dann mich! Ich will schließlich auch mal was lernen." „Tut mir leid für euch, Jungs!" „Das braucht dir nicht leidzutun!", sagte Volker. „Bei euch läuft es eben so, wie es laufen sollte."

* * *

Was ist der zentrale Punkt, in dem sich die drei Abteilungen und die Führungsärzte dieser drei jungen PJler unterscheiden? Kontrolle! Und wie ist Kontrolle in der Gesellschaft belegt? Negativ! Die leitenden Ärzte von Klaus und Volker sind typische Beispiele dafür, wie es nicht laufen sollte. Ankes Stationsarzt hingegen ist ein wirksames Beispiel dafür, wie Kontrolle Menschen entwickeln kann, weil sie Selbstvertrauen und Vertrauen schafft. Warum ist Kontrolle in der erfolgreichen Führung so wichtig? Ein Beispiel aus der Freizeit zum besseren Verständnis: Angenommen, Sie befinden sich in einem Klettergarten oder vor einer Kletterwand. Gehen Sie dann nicht automatisch davon aus, dass Seile, Karabinerhaken, Klettergurt und weitere Hilfsmittel in einem guten Zustand sind? Der Kletterleiter kommt und kontrolliert trotzdem nochmals das ganze Sicherungssystem, bevor Sie mit dem Klettern loslegen. Würden Sie diese Kontrolle ablehnen? Haben Sie nicht durch diese Kontrolle mehr Vertrauen in das, was dann auf Sie zukommt?

In Ihrem klinischen Alltag überprüfen Sie laufend verschiedene Größen, wie Blutwerte, Temperatur, Puls usw. Diese Angaben kontrollieren Sie immer und immer wieder. Dadurch wächst Vertrauen und das gibt Ihnen Sicherheit.

Ohne die Kontrolle haben Sie ein ernsthaftes Problem. Niemand würde auf die Idee kommen, auf diese wichtigen Kontrollinstrumente freiwillig zu verzichten. Die Kontrolle gibt Ihnen Orientierung und somit Rückmeldung, ob Sie auf dem richtigen Weg sind oder Sie Ihr Handeln anpassen müssen. Diese Rückmeldung schafft Vertrauen! Und doch ist die Kontrolle im beruflichen Umfeld bei vielen Menschen negativ belegt. Viele haben Angst vor dem Versagen oder vor Kritik, wenn sie ständig kontrolliert werden. Dabei vergessen sie, dass Kontrolle eine zentrale Rolle in unserem Leben spielt.

Wirkungsvolle Kontrolle

Wie kontrollieren leitende Ärzte und Führungskräfte? Die einen starr, nicht entwickelnd und ich-fokussiert: „Ich mache alles so, wie ich es für richtig halte." Andere haben Angst vor der Reaktion, zum Beispiel vor einer Auseinandersetzung mit einem Mitarbeiter, und kontrollieren deshalb überhaupt nicht. Wirkungsvoll kontrollieren heißt jedoch, so die Kontrolle auszuüben, dass der andere daran wachsen kann. Wer nicht wirkungsvoll kontrolliert, dem fehlt ein effektvolles Instrument der Rückmeldung und somit der Entwicklung. Das wäre ähnlich, wie wenn Sie bei einer Operation freiwillig auf das EKG verzichten würden. Wer nicht deutlich kontrolliert, fördert die Schwächen seiner Mitarbeiter und fordert Nachlässigkeit, Unvermögen und manchmal auch Missbrauch geradezu heraus. Mitarbeiter tun nicht unbedingt das, was Sie von Ihnen erwarten, sondern was Sie kontrollieren. Wenn Sie wirkungsvoll kontrollieren, fördern Sie die Stärken Ihrer Mitarbeiter und ermöglichen ihnen eine optimale Leistung.

Nehmen Sie Ihren Mitarbeitern die Angst vor Kontrolle

Natürlich gibt es auch Führungskräfte, die entweder nicht wissen, was Kontrolle eigentlich ist, oder die sie missbrauchen. Als Machtinstrument zum Beispiel, um ihre Überlegenheit zu demonstrieren. Wie jede andere wirksame Führungskraft sollte auch ein leitender Arzt einen wichtigen Grundsatz befolgen: „Vertrauen ist gut, Kontrolle auch." Ihre Mitarbeiter haben ein Recht auf Kontrolle. Die negative Assoziation des Begriffs „Kontrollieren" führt leider oft dazu, dass Menschen sich der Kontrolle zu entziehen versuchen. Dabei entgeht ihnen jedoch ein wichtiger Aspekt zur eigenen Entwicklung, die Fremdreflexion, meist aus Angst vor Versagen oder vor Ablehnung. Es ist Ihre Aufgabe als Chefarzt, Oberarzt oder Stationsarzt und generell als Führungskraft, Ihren Mitarbeitern diese Angst zu nehmen.

Machen Sie Ihren Mitarbeitern klar, dass es für sie ein erheblicher Nachteil ist, wenn Sie nicht kontrollieren. Dann nämlich haben sie keine Chance zur Korrektur. Der Schaden fällt erst auf, wenn es zu spät ist. So wie das der PJler Volker geschildert hat. Nehmen Sie den Ihnen anvertrauten jungen Ärzten die Angst, indem Sie Ihre Kontrolle transparent gestalten. Dabei helfen Ihnen wiederum Systeme.

Umsetzung im Alltag

Sorgen Sie in Ihrem klinischen Umfeld dafür, dass wirkungsvoll geführt wird, indem Sie:

– Interesse an der Entwicklung des Mitarbeiters haben.
– So kontrollieren, dass Sie Vertrauen aufbauen.
– Entwickelnde Fragen stellen, die das Handeln hinterfragen. Hierdurch lernen Sie etwas über die Kompetenz und das Engagement Ihres Mitarbeiters. Der Mitarbeiter wiederum lernt sich selbst zu reflektieren, sich einzuschätzen, und dadurch wird er selbstständiger und gewinnt Selbstvertrauen.

Spiegelt die Geschichte um die Vorgehensweisen auf den Stationen von Anke, Volker und Klaus nicht die Realitäten im Alltag unserer Kliniken in ihren unterschiedlichen Schattierungen wider? Von den beiden Negativbeispielen gibt es wahrscheinlich noch immer viel zu viele. Das ist gerade im medizinischen Bereich kontraproduktiv. Die jungen Ärzte verlieren dadurch an Motivation. Folglich kann ihr Potenzial nicht voll ausgeschöpft werden. Wer Mitarbeiter so behandelt, wie es Volker widerfährt, deprimiert sie. Verständlich, denn in der Regel sind gerade die PJler noch „voll im Saft", was die Motivation angeht. Sie als Führungskraft haben hier eine ganz besondere Verantwortung gegenüber dem medizinischen Nachwuchs. Gerade in der Phase 1 und 2 des Vier-Phasen-Modells (siehe 1. Aufgabe „Menschen fördern") sollten Sie mit einer Haltung des „Wohlwollens" kontrollieren.

Völlig falsch ist das Verhalten eines leitenden Arztes, wie es Volker erlebt. Das macht einen jungen Mediziner regelrecht kaputt. Der Nachwuchs lernt auf diese Weise gar nichts. Und wenn es dann aufgrund mangelnder Kenntnis schiefgeht, gibt es noch ‚eins auf die Mütze'. Ebenso falsch ist es aber, die Kontrolle zu übertreiben, wie das der vorgesetzte Arzt von Klaus tut. Eine zu übermäßige Kontrolle führt auch nicht zum Ziel und erreicht ebenfalls das Gegenteil: Der junge Arzt ist zunehmend frustriert, weil ihm nicht die Möglichkeit gegeben wird, sich zu entfalten. Chef- und Oberärzte sollten in diesem Bereich auch ein wachsames Auge auf ihre verantwortlichen Mitarbeiter haben. Denn die sind es, die täglich mit dem Nachwuchs eng zusammenarbeiten.

So kontrollieren Sie richtig

„Richtig Kontrollieren" ist also angesagt! Ein wirkungsvolles Beispiel ist der Stationsarzt von Anke. Die junge Ärztin ist motiviert, zunehmend engagiert, wird in ihrem Job immer besser und damit zu einem wertvollen Mitglied der Station. Eine gesunde Spirale, die sich in die richtige Richtung dreht: Nach oben. So kann sie sich als Ärztin optimal entwickeln.

- Kontrollieren Sie Ihre Mitarbeiter keinesfalls in der Absicht, sie bei Fehlern zu ertappen. Ertappen Sie sie vielmehr bei guten Leistungen.
- Kontrollieren Sie durch entwickelnde Fragen und geben Sie Ihren Mitarbeitern die Möglichkeit zur Selbstreflektion.
- Kontrollieren Sie begleitend entlang des gesamten Entwicklungsprozesses.
- Die Kontrolle sollte möglichst zeitnah an der Handlung erfolgen.
- Kontrollieren Sie die Vergangenheit, aber sprechen Sie über die Zukunft.
- Führen Sie angekündigte Kontrollen immer durch – verzichten Sie nicht aus Zeitmangel oder weil alles scheinbar gut läuft darauf. Sonst können es Mitarbeiter als Desinteresse Ihrerseits auslegen.
- Geben Sie bei der Kontrolle immer eine Rückmeldung. Dadurch verstehen Ihre Mitarbeiter die Kontrollen nicht mehr negativ, sondern als Interesse und Unterstützung.
- Erstellen Sie Kontrollsysteme für wiederkehrende Tätigkeiten.
- Erklären Sie in jedem Fall, warum Sie kontrollieren werden.
- Kontrollieren Sie auch mal unplanmäßig.

Kurz & knapp: Kontrollieren

> Kontrolle dient dazu, die Patienten effizient zu behandeln und die Mitarbeiter zu entwickeln! Kontrolle schafft somit Vertrauen und Sicherheit! Mitarbeiter haben daher ein Recht auf Kontrolle!

☐ Ohne zu kontrollieren können Sie junge Ärzte nicht fördern und dürfen Sie nicht delegieren.

☐ Wer nicht kontrolliert, bringt seine Mitarbeiter nicht zu optimalen Leistungen. Deshalb haben Mitarbeiter auch ein Recht auf Kontrolle.

☐ Kontrolle ist Hilfe zur Zielerreichung.

☐ Kontrolle muss transparent sein. Nur dann schafft sie Vertrauen und nimmt Ängste.

☐ Vertrauen ist gut, Kontrolle auch. Wirksames Kontrollieren schafft Vertrauen. Besprechen Sie mit Ihren Mitarbeitern, dass Sie gezielt kontrollieren werden und dass diese Kontrolle auch dazu dient, Vertrauen zu schaffen.

☐ Kontrolle bedeutet die Weitergabe Ihrer subjektiven Erfahrung. Seien Sie dabei offen für alternative Lösungswege!

2. Kapitel:
Hilfsmittel der Führung

1. Hilfsmittel:
Lob

Das wird nichts mehr!

Wie jeden Abend ging die Gruppe der Ärzte die Patienten auf der Intensivstation der Reihe nach ab. Prof. Dr. Theo Semmeling, der Chefarzt, ließ sich von den diensthabenden Ärzten alles genau erklären. Semmeling gehörte nicht zu den körperlichen Riesen, war ein bisschen untersetzt und schaute immer ziemlich streng – auch wenn das nicht allzu viel zu bedeuten hatte. Mit seinem runden Gesicht und der dicken schwarzen Brille sah er immer aus wie der typische Oberlehrer, und in der Sache war der Professor das auch. Im Schlepptau hatte er bei dieser Abendrunde die Oberärzte Dr. Hermann Baumann und Dr. Carsten Weinrich sowie zwei weitere Ärzte. Einer von ihnen war Dr. Frank Martens. Der junge Mann mit den pechschwarzen Haaren sah ein bisschen südländisch aus.

Dr. Martens ging ein paar Schritte voraus, als sich die Gruppe Bett Nummer vier näherte, und warf noch einen letzten Blick auf die Monitore, bevor er Bericht erstatten musste. In diesem Bett lag Herr Klausen, ein 76-jähriger Mann, der eine recht komplexe Herzoperation hinter sich und bereits beim Abgang von der Herz-Lungen-Maschine erhebliche Probleme gehabt hatte. Die Gruppe um Prof. Semmeling stellte sich um das Bett von Herrn Klausen. Jeder von ihnen warf abwechselnd einen Blick auf die Apparate. „Hat sich der Zustand verändert?", fragte der Chefarzt. „Leider nein!", antwortete Dr. Martens. „Die Ventrikelfunktion hat sich noch immer nicht erholt." „Nierenwerte?" „Sehen Sie selbst, Herr Professor!", meinte Dr. Martens und zeigte seinem Chef die Labordaten im Computer. Der Chefarzt wandte sich dem Monitor zu und studierte die Werte. Erst schaute er den Patienten an. Dann wandte er sich dem Herzchirurgen Dr. Kalchrod zu, der den Patienten operiert hatte. „Was meinen Sie, Herr Kollege?" Der groß gewachsene schlanke Chirurg studierte ebenfalls die Daten auf dem Monitor und schüttelte nur den Kopf. „Ich glaube nicht, dass das noch was wird! Die Ausgangssituation war bereits mehr als bescheiden und am Ende der OP pumpte das Herz nur noch wie ein schlaffer Sack!" In der Ärzterunde herrschte für einige Sekunden Schweigen. Hier am Bett dominierte das Piepsen und rhythmische Zischen der Beatmungsmaschine die Geräuschkulisse.

„Ich stimme Ihnen zu, Herr Kollege Kalchrod!", meldete sich Dr. Carsten Weinrich dann zu Wort. Er war der diensthabende Oberarzt dieser Station. Ein gut aussehender Mann Mitte fünfzig, der mit seinen nach hinten frisierten dunklen Haaren aalglatt wirkte. „Das wird wohl nichts mehr!" „Neben der Niere macht die Leber durch den Volumenrückstau nun auch langsam

Probleme", sagte der zweite Oberarzt, Dr. Baumann. „Haben sich die Werte stark verändert?", wollte der Chefarzt wissen. „Ja, leider", antwortete Dr. Martens ein bisschen geknickt. Die Tatsache, dass seine Chefs den Herrn Klausen so gut wie aufgegeben hatten, traf ihn. Denn irgendwie mochte er den Mann, der da hilflos und auf das Können der behandelnden Ärzte angewiesen im Koma lag. Der es lediglich den Apparaten zu verdanken hatte, dass er in diesem Augenblick überhaupt noch lebte. Vielleicht beruhte die Sympathie für den Patienten ja auch darauf, dass seine Frau jeden Nachmittag zur Besuchszeit hierherkam und am Bett ihres Mannes verweilte. Der schmächtigen Frau, die einfach, ja fast sogar ein bisschen ärmlich aussah, fielen die Besuche nicht leicht. Das konnte jeder hier sehen. Von einer Pflegerin hatte Martens erfahren, dass sie keinen Führerschein hatte und jeden Tag die sechzig Kilometer mit Bus und Bahn zurücklegte. Zu den Ärzten und dem Pflegepersonal war Frau Klausen immer sehr freundlich und gab sich alle Mühe, gefasst zu wirken. Natürlich gelang ihr das nicht. An den Tagen, als sie früh abends kam, hatte Dr. Martens Dienst und damit die Aufgabe, Frau Klausen bezüglich des Zustands ihres Mannes Rede und Antwort zu stehen. Für den jungen Intensivarzt war es ein herzzerreißender Anblick, wenn die Frau am Bett ihres Mannes saß und ihm unermüdlich von daheim erzählte. Von ihren beiden Katzen und der Tochter, die im Ausland studierte. „Meinen Sie, er kann mich hören, Herr Doktor?", fragte die schmächtige Frau Dr. Martens immer wieder. „Reden Sie ruhig mit ihm!", antwortete Martens dann. Langsam und rhythmisch hob und senkte sich der Brustkorb des Mannes. Wie gerne hätte er als Arzt mehr geholfen, als er konnte. Wie gerne hätte er das scheinbar Unmögliche einfach möglich gemacht. Wie gerne hätte er irgendetwas getan, das dem Ruf des ‚Halbgottes in Weiß' gerecht würde.

„Ich sehe hier keine Perspektive mehr", sagte Dr. Baumann in einem sehr bestimmenden Ton. „Wir sollten mit den Angehörigen reden. Ihn hier leiden lassen und dabei für Wochen das Intensivbett zu blockieren, damit er bestenfalls noch ins Pflegeheim kommt und dann dort nach ein paar Tagen verstirbt, ist ja auch keine Lösung!" Das klang endgültig, überzeugt und überzeugend. Die anderen Ärzte schauten sich gegenseitig nickend an. Auch der Chefarzt kratzte sich nachdenklich am Kinn und nickte dann nur. Die Sache schien besiegelt. „Herr Professor!", ließ sich da Dr. Martens vernehmen. Der Chefarzt wandte sich ihm zu und sah Dr. Martens fragend an. „Bitte geben Sie mir wenigstens noch bis morgen Zeit. Ich glaube, es gibt noch Möglichkeiten, dass der Patient die Kurve kriegt." Prof. Semmeling wandte sich seinen Oberärzten zu. Die sagten zwar nichts, aber in ihren Blicken konnte man erkennen, dass sie von diesem Vorschlag überhaupt nichts hielten. Dann schaute der Chefarzt für eine Weile den Patienten an und schließlich wandte er sich wieder Dr. Martens zu. „Nun gut, Martens ...", entschied der Chefarzt. „Ich stimme den Herren Oberärzten zwar zu, aber Sie kriegen Ihre Chance. Warten wir bis morgen ab, und dann treffen wir eine finale Entscheidung."

Dr. Frank Martens stand eine ziemlich lange Nacht bevor. Er hatte mit einem anderen Kollegen zusammen Nachtdienst. Nach etwa anderthalb Stunden hatte Dr. Martens mit den Pflegekräften die Routinearbeiten abgeschlossen. Er ging hinaus ins Ärztezimmer, um sich einen Kaffee zu genehmigen. „Na, wie sieht es hinten aus?", fragte Dr. Martens die ältere Schwester, die gerade die Patienten im hinteren Teil der Station versorgt hatte. „Sehr gut, Herr Frank!", antwortete sie in einem zwar guten, aber doch leicht gebrochenen Deutsch. Die Pflegerin stammte aus Italien. Und sie siezte Martens immer, obwohl er ihr schon zigmal das Du angeboten hatte. Aber zumindest nannte sie ihn Frank. Das war ja schon mal was. „Die Chefs haben mit die Herr Klausen keine große Hoffnung mehr, nicht wahr?" Martens schüttelte den Kopf. „Nein, die haben den schon aufgegeben." „Ist sehr schade und sehr traurig", meinte die Pflegerin. „Meine ich mit die Frau von Herr Klausen. Die ist so nett. Ist schade, wenn ihr Mann jetzt stirbt." Der junge Arzt schaute erstaunt auf. Er stellte den Plastikbecher mit dem Kaffee vor sich hin und schaute die Pflegerin an. Dann zeigte er mit dem Zeigefinger auf sie, wedelte mit diesem leicht in der Luft herum und sagte: „Es ist erst vorbei, wenn es vorbei ist!" Martens griff nach seinem Becher, trank den Kaffee in einem Zug aus und stand auf. „Wenn was ist, Sie finden mich am Bett bei Herrn Klausen!"

Dr. Martens setzte sich auf einen dieser Drehstühle ohne Lehne direkt an das Bett des Patienten und starrte abwechselnd auf die Monitore und auf den frisch operierten Herrn Klausen. Im vorgegebenen Rhythmus verrichtete die Beatmungsmaschine ihren Dienst. Aber der Kreislauf war alles andere als stabil. „Gut sieht anders aus", dachte Dr. Martens und kratzte sich nachdenklich am Kinn. Es gab eine ganze Menge an kleinen Stellschrauben, an denen er drehen konnte. Martens erinnerte sich zurück an einen älteren, sehr erfahrenen Arzt, unter dem er in seinem ersten Praxisjahr Dienst hatte. Als ob es gestern gewesen wäre, sah Martens den alten Arzt vor sich. Cool und besonnen kam er damals ans Bett eines ähnlichen Patienten, schaute sich nur die Werte an und meinte: „Dann mal ran ans Werk! Der Mensch ist ein komplexes Wesen, das betüdelt werden will. Lassen Sie uns mal vorsichtig an den Stellschrauben drehen ... Rhythmus,

Vorlast, Nachlast, Beatmung. Alles will wohl ausbalanciert sein, damit das Uhrwerk wieder richtig tickt!" Dr. Martens stand von seinem Drehstuhl auf und schaute sich die Daten auf dem Monitor an. „Also gut", dachte er sich, „dann mal los!" Er optimierte die Atmung und veränderte die Katecholamine Stück für Stück in winzigen Schritten. „So, und jetzt schauen wir mal, wie Sie das verdauen!", sagte Dr. Martens zu dem Patienten, der ihn wohl nicht hören konnte. Oder doch? Für einen kurzen Moment war ihm, als ob Herr Klausen zu einem zustimmenden Lächeln angesetzt hatte. Natürlich konnte das nicht sein. In diesem Moment rief ihn die Pflegerin.

Es war kurz vor Mitternacht, und Dr. Martens saß noch immer neben dem Bett von Herrn Klausen. Er schaute zum wiederholten Male auf die Monitore und studierte die Werte. Zumindest hatte sich nichts verschlechtert, das war schon ein Fortschritt. Da kam Martens Kollege Dr. Goller den Gang entlang, blieb bei Dr. Martens stehen und klopfte ihm auf die Schulter. „Na, tut sich was?", fragte er. „Kaum! Aber zumindest scheint die Talfahrt erst mal gestoppt zu sein." „Das ist doch schon mal was!", freute sich Dr. Goller. „Schön wär's, wenn er die Kurve kriegt ..." Martens stand auf und schob den Drehhocker zur Seite. „So, dann geh ich mich mal um meine anderen Patienten kümmern." „Komm lass sein!", sagte da sein Kollege. „Ich übernehme das für dich, ist heute ansonsten völlig ruhig." „Echt?" „Klar Mann!", entgegnete Goller. „Sollte es doch brenzlig werden, dann kannst du immer noch einspringen. Kümmere du dich mal um deinen Patienten. Der braucht dich!" „Danke, Andy!"

Die nächsten Stunden verbrachte Dr. Frank Martens am Bett seines Patienten. Immer wieder schaute er auf die Monitore und überwachte die Werte. Langsam konnte er die Katecholamine immer weiter reduzieren. Hier ein bisschen mehr, da einen Token weniger. Das war Feinarbeit und Fingerspitzengefühl pur. Zwischendurch brachte ihm die Schwester immer wieder einen Kaffee. Der Durchbruch kam kurz nach drei Uhr. „Das ist ja ein Ding!", rief der junge Arzt verblüfft und er spürte ein Gefühl der Freude in sich aufsteigen. Die Werte verbesserten sich stetig, auch die Nieren- und Leberwerte. Ruhig atmete der Patient im Rhythmus der Beatmungsmaschine. Der Kreislauf hatte sich ein klein wenig stabilisiert. Hoffnung keimte in Dr. Martens auf. Eine berechtigte Hoffnung. Gott sei Dank! „Mensch, Beata, ich glaube, wir haben ihn!", sagte er dann auch zu der Pflegerin. Er hatte Mühe, seine freudige Aufregung zu verbergen. Wenn der Patient jetzt noch extubiert werden konnte ... „Stellen Sie die Narkotika ab. Wenn er weiter stabil bleibt und wach wird, extubieren wir ihn vielleicht!"

Es war nun nach halb sechs Uhr morgens, kurz vor Schichtwechsel des Pflegepersonals. Herr Klausen schien tatsächlich stabil zu sein und wurde zunehmend ansprechbar. „Gut, dann lassen Sie uns das Ding rausnehmen!", sagte Dr. Martens zu Beata. Diese traf die Vorbereitungen, um den Patienten zu extubieren. Ganz vorsichtig entfernte Dr. Martens den Tubus und wartete ab. Gespannt überwachte er die Daten auf dem Monitor. Die Sättigung blieb stabil. „Sieht doch gar nicht so schlecht aus!", meinte er. Martens blieb trotzdem noch einige Minuten neben ihm stehen, denn augenblicklich war der Zustand des Patienten noch kritisch. Doch Herr Klausen machte einen ruhigen Eindruck. Die Spannung bei dem jungen Arzt ließ nun langsam nach, und er ging zufrieden mit sich und seiner Leistung zurück ins Arztzimmer. Er machte sich dort gerade ein paar Notizen, als sein Kollege Goller hereinkam und ihm anerkennend auf die Schulter klopfte. „Mensch, Frank, ich gratuliere!", lobte Andreas Goller. „Das hätte ich nie gedacht, dass der sich so erholt. Der sieht ja fast fit aus. Klasse, Mann, kannst stolz auf dich sein!" „Wenn du mir nicht geholfen und mir die restlichen Patienten abgenommen hättest, wer weiß, ob es dann auch so gekommen wäre. Danke!" „Nicht dafür. Das war echt eine klasse Leistung von dir!" Goller klopfte Martens abermals auf die Schulter. „Du hast der Frau Klausen ihren Mann gerettet, weißt du das?"

Dr. Martens konnte es kaum erwarten. Punkt sieben Uhr: Die Armada der Chef- und Oberärzte kam herein. Übergabe! Es dauerte nur wenige Minuten, bis sie zu Bett vier kamen. „Ich habe den Patienten frisch extubiert", begann Martens gleich seinen Bericht und erzählte dem Chefarzt und den anwesenden Oberärzten von seinen Bemühungen der letzten Nacht. Martens wunderte sich, dass keinerlei Reaktion kam. Er schloss mit den Worten: „Herz und Kreislauf sind stabil. Der Patient braucht nun nur noch etwas Pflege." Martens schaute erst seinen Chefarzt und dann die Oberärzte erwartungsvoll an. „Gut!", meinte der aalglatte Oberarzt Dr. Carsten Weinrich lapidar. „Dann können wir ihn ja hoch auf die Intermediate Care verlegen, nicht wahr?" Dr. Martens schaute den Oberarzt verdutzt an. Gestern Abend hatte er Herrn Klausen keine Chance mehr eingeräumt und ihn eigentlich schon aufgegeben. Und jetzt? Keine Nachfrage zu Details? „Na ja …", sagte Martens „Ich würde ihn aber gerne noch …" „Wir brauchen das Bett", unterbrach ihn Oberarzt Dr. Baumann und schaute Martens streng an. „Sehen Sie zu, dass Sie noch ein paar mehr Betten schaffen!", mischte sich nun auch der Chefarzt ein. „Wir dürfen unseren OP-Plan nicht durcheinanderbringen, verstanden?" „Ja natürlich, Herr Professor!", antwortete Dr. Martens, und noch ehe er etwas hinzufügen konnte, mar-

schierte die Gruppe weiter zum nächsten Bett. Kaum Interesse an all dem, was er die ganze Nacht geleistet hatte. Kein Lob, keine Anerkennung, gar nichts. Vielmehr gab ihm der Chefarzt, der bereits am nächsten Bett stand, mit einem strengen Blick zu verstehen, dass Dr. Martens gefälligst im Programm weitermachen sollte.

Die Anweisung seiner Chefs war eindeutig und klar. Als die Übergabe zu Ende war, endete auch die Schicht von Dr. Martens. Gerade umgezogen, räumte er noch seine Sachen weg, als Pflegerin Beata ins Arztzimmer kam. „Sie verlegen Herrn Klausen, der kommt doch heute Nachmittag spätestens als Bumerang wieder zurück", sagte sie mit leiser Stimme. Man konnte unschwer erkennen, dass sie wütend war. „Ja! Anordnung vom Chef!"

* * *

Jeder Mitarbeiter hört es gern, wenn ihn jemand lobt. Wir alle fühlen uns besser, wenn die anderen unsere Leistungen anerkennen. Lob und Anerkennung: Sind es nicht diese beiden Kleinigkeiten, die die Quintessenz all unserer Bemühungen und Motivation darstellen? Egal, was es ist, das andere tun oder schaffen – das kann ein Fußboden sein, den jemand mit einem Besen saubermacht: Jeder freut sich, wenn jemand seine Leistung anerkennt. Es muss ja nicht gleich die große Lobeshymne sein. Die eigentlich ganz normale und selbstverständliche Anerkennung würde schon reichen. Wenn aber noch ein bisschen Lob dabei ist, so à la „Das hast du aber gut gemacht!", dann fühlen wir uns doch geschmeichelt, oder? Ist das nicht in allen Bereichen des Lebens so?

Lob ist ein enorm wichtiges Hilfsmittel, um Menschen gezielt zu führen und in ihrer Entwicklung zu fördern. Es gibt kein vergleichbares Instrument, mit dem das Selbstvertrauen eines Menschen so effizient und nachhaltig gestärkt werden kann. Aber: Man kann es auch zerstören, wie Ihnen die Geschichte von Dr. Frank Martens eindrucksvoll geschildert hat. Führungskräfte tragen eine große Verantwortung für die Menschen, die sie führen, leiten und entwickeln.

Loben Sie präzise!

Mit einem einzigen Lob kann es passieren, dass Sie ein Menschenleben positiv verändern! Leider kann man es auch negativ verändern, wenn eine Führungskraft die Anwendung dieses mächtigen Hilfsmittels nicht beherrscht oder gar gänzlich ignoriert. Dabei kommt es gar nicht so sehr darauf an, wie oft man lobt. Weniger ist sogar oft mehr! Entscheidend ist, wie das jeweilige Lob aufgenommen wird. Das hängt von zwei Dingen ab: Je mehr natürlichen Respekt die Führungskraft genießt, je mehr sie anerkannt wird, desto wertvoller ist auch das Lob. Zum anderen spielt es eine große Rolle, dass die Führungskraft es versteht, differenziert zu loben. Wird das Lob unpräzise ausgesprochen, verpufft seine Wirkung sehr schnell. Es wirkt dann eher wie billiges Schmeicheln, oder, wie junge Menschen heute zu sagen pflegen, wie „Rumschleimen"! In diesem Fall wirkt ein solches Lob kontraproduktiv. Es liegt immer an Ihnen als Führungskraft, wie Ihr Lob aufgenommen wird. Wenn Sie sich als Führungskraft immer weiter verbessern und damit einen natürlichen Respekt von Ihren Mitarbeitern genießen, wird auch Ihr Lob mehr und mehr Früchte tragen. Doch Loben kann und muss gelernt werden. Beginnen Sie damit, indem Sie Ihre jungen Assistenzärzte, generell die jungen Mitarbeiter genau studieren.

Suchen Sie nach Positivem!

Wer jemanden genau einschätzen kann, der kann ihn auch gezielt loben. Seien Sie aufmerksam. Beobachten Sie und suchen Sie bei den jungen Ärzten nach Dingen, die Sie loben können. Machen Sie nicht den Fehler und sagen Sie: „An diesem Mitarbeiter kann ich nichts loben." Solche Mitarbeiter gibt es nicht! Es ist Ihre Aufgabe als verantwortlicher Arzt, eben als Führungskraft, die positiven Ergebnisse der Ihnen Anvertrauten zu finden. Es ist Ihr primärer Job, die jungen Ärzte auf „frischer, guter Tat zu ertappen". Das sollten Sie erkennen. Also beobachten Sie! Achten Sie nicht nur auf die medizinischen Fortschritte Ihrer Mitarbeiter, sondern auch zum Beispiel darauf, wie sie Verantwortung übernehmen oder Vertrauen aufbauen können usw. Achten Sie in Ihrem Klinikalltag (z.B. bei Berichten bei den Visiten) auf lobenswerte Dinge. Zum Beispiel, wenn Routinearbeiten exzellent ausgeführt werden oder ein Mitarbeiter etwas macht, was er vorher noch nicht konnte. Beachten Sie jedoch: Je unpräziser Sie loben, desto billiger wird es auf Ihren Mitarbeiter wirken.

Lernen Sie loben!

Auch Loben will gelernt sein! Achten Sie deshalb stets auf die Anwendung einer der folgenden vier Stufen. Je lobenswerter die Situation ist, desto höher die Stufe:

Erste Stufe: Sagen Sie Ihren Mitarbeitern klar, **was** Ihnen gut gefallen hat.

Zweite Stufe: Erklären Sie präzise, **wann, wo** und **wie** Ihnen das aufgefallen ist.

Dritte Stufe: Erklären Sie präzise, **wann, wo** und **wie** Ihnen das aufgefallen ist, jedoch mit einem **eigenen Bezug**.

Vierte Stufe: Sagen Sie: „**Machen Sie weiter so.**"

Die erste Stufe setzen Sie ein, wenn ein Mitarbeiter etwas gut gemacht hat, was er bisher noch nicht konnte. Die zweite Stufe dann, wenn der Mitarbeiter etwas exzellent gemacht hat. Und die dritte Stufe setzen Sie mit Bedacht ein. Sie nehmen Bezug auf sich, zum Beispiel: „Das hätte ich so nicht gekonnt" oder „Ich weiß nicht, ob ich dies damals in meiner Ausbildung schon so gut gekonnt hätte". Ein solches Lob kommt in der Realität nur sehr selten vor, hat aber eine große Wirkung. Das Lob sollte aber der Wahrheit entsprechen. Die vierte Stufe sollten Sie immer einsetzen, nachdem Sie eine der anderen Stufen durchlaufen haben.

Umsetzung im Alltag

Das klingt alles recht einleuchtend und logisch, aber auch schematisch, nicht wahr? Und eigentlich sollte die Art und Weise und das Loben an sich doch selbstverständlich sein! Doch leider ist das im Alltag unserer Kliniken überhaupt nicht selbstverständlich. Die Geschichte von Dr. Frank Martens ist dafür nur ein klägliches Beispiel unter unzähligen anderen. Junge Ärzte und medizinisches Personal allgemein sind keine gefühllosen Roboter. Doch sie werden oft so behandelt.

Helfen Sie Ihren Mitarbeitern dann auch, das von Ihnen ausgesprochene Lob würdig anzunehmen. Machen Sie es ihnen einfach vor! Werden Sie von jemandem präzise gelobt, antworten Sie nur mit „Danke!". Ist das Lob nicht ganz so präzise, dann fragen Sie nach: „Was genau hat Ihnen an meiner Arbeit gefallen?"

Weit mehr als nur Routinetätigkeiten werden auf mehr oder weniger schematischem und unpersönlichem Niveau erledigt. Darunter leiden zumeist die jungen Ärzte, die in ihrer Entwicklung nicht ausreichend oder nicht richtig unterstützt werden. Denken Sie stets daran: Lob fördert selbstverantwortliches Handeln und stärkt nachhaltig die Effizienz Ihrer Klinik.

Bei der Kommunikation mit Ihren Mitarbeitern sollte Lob im Verhältnis zu Umleitung und Kritik (2. und 3. Hilfsmittel der Führung) rund 15 Prozent betragen. Dies soll als Ideal zur Orientierung helfen:

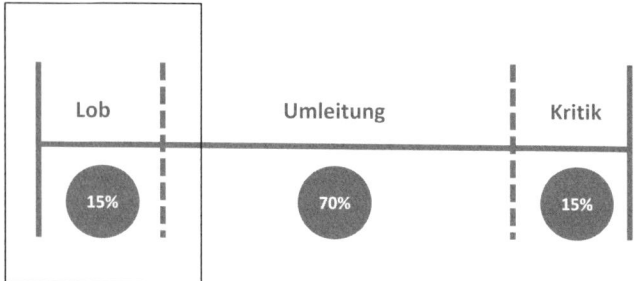

Abbildung 2: Verhältnis der Lob-Kommunikation in Bezug auf Umleitung und Kritik

Kurz & knapp: Lob

Eine wirkungsvolle Führungskraft nimmt ihre Mitarbeiter genau wahr, interessiert sich für sie und beobachtet ihre Arbeit präzise. Dieses Interesse am Menschen lässt eine Führungskraft genau erkennen, welche Verhaltensweisen gelobt werden sollen, und dieses Lob auch umsetzen.

☐ Lob ist ein wichtiges Hilfsmittel, um Menschen zu fördern.

☐ Mit einem einzigen Lob können Sie ein Leben positiv verändern.

☐ Je mehr Respekt Sie genießen, desto wertvoller wird Ihr Lob.

☐ Loben Sie immer präzise, sonst wirkt Ihr Lob wie Schmeichelei.

☐ Nutzen Sie die vier Stufen, je nachdem, wie tief Sie den Mitarbeiter bestätigen wollen.

☐ Achten Sie darauf, dass das Lob angenommen wird. Zum Beispiel, ob die Person „Danke" sagt oder nicht. Falls nicht, wiederholen Sie das Lob nochmals.

☐ Loben Sie nicht immer dieselben Dinge.

☐ Ermutigen Sie Menschen, so weiterzumachen.

2. Hilfsmittel:
Umleiten

Haben Sie denn nichts dazugelernt?

Dr. David war ein bisschen genervt, denn sein neuer Patient, Herr Bertram, gehörte zu den redseligen Menschen. Man konnte ihn ohne Übertreibung sogar als Quasselstrippe bezeichnen. Als das Gespräch auf die muskulöse Figur des jungen Arztes kam und David seinem Patienten wahrheitsgemäß berichtet hatte, dass er diverse Gewichte vom Boden weg in die Luft beförderte, gab es kein Halten mehr, denn Herr Bertram war früher Gewichtheber gewesen. Herr Bertram erzählte ausgiebig und voller Stolz von seiner Jugend und von den vielen Siegen, die er damals errungen hatte. Natürlich interessierte das Dr. David nur sehr bedingt, denn er musste ja mit seiner Arbeit weiterkommen, und mit dem ganzen Schreibkram rund um die Neuaufnahme hatte er noch nicht einmal angefangen.

Dr. Jens David war erst seit einem Monat hier an der Klinik, seine erste Stelle. Das Aufnahmeprozedere war noch nicht so sein Ding, da fehlte es ihm an Routine und Erfahrung. Vieles musste er sich von seinen älteren Kollegen abschauen, denn gut aufgemachte Vorlagen gab es hier in der Abteilung nicht. Als Erstes las sich Dr. David den Arztbrief des zuweisenden Kollegen durch. „Oha", dachte er sich, als er die ganze Litanei an Medikamenten sah, „ein bisschen viel für meinen Geschmack." Er überlegte, ob es nicht sinnvoller wäre, manche Medikamente entweder ganz wegzulassen oder mindestens deutlich einzuschränken. Aber er schrieb erst mal alles ab und wollte später seinen Stationsarzt um Rat fragen.

„Jetzt liegt das Zeug ja immer noch da rum!", motzte Oberarzt Dr. Wagner, als er um die Ecke kam. „Sorgen Sie dafür, dass das bis zur Visite weggeräumt wird!" „Selbstverständlich, Herr Oberarzt!", beeilte sich Schwester Inge zu antworten. Dr. Hans Wagner gehörte nicht unbedingt zu den angenehmsten und nettesten Zeitgenossen, und Einfühlungsvermögen war keine seiner herausragenden Charaktereigenschaften. Wagner war etwa 1,90 groß, leicht korpulent und hatte ein kantiges Gesicht. Er konnte einschüchternd wirken und galt hier in der Klinik als aalglatt und arrogant. Schnellen Schrittes steuerte er das Stationszimmer an. „David!", rief er schon, bevor er das Zimmer überhaupt betreten hatte. Dr. David dreht sich um. „Ah, Herr Oberarzt! Gut, dass Sie kommen!", begrüßte ihn Dr. David. „Ich hab da noch ein paar Fragen zur Neuaufnahme." „Sind Sie denn immer noch nicht fertig damit?", bellte der Oberarzt in einem genervten Ton und sah demonstrativ auf seine Uhr. Für Wagner ging ein langer, anstrengender

Tag zu Ende. Er ließ sich anmerken, dass er nach Hause wollte und keine Lust hatte, hier auf der Station noch Zeit zu verplempern. „Na das fängt ja gut an", dachte sich Dr. David. „Was kann ich denn dafür, dass der Patient mich mit seinen Gewichten vollquatscht." „Zeigen Sie mal her!", fuhr Wagner fort und unterstützte mit einer Handgeste seine Forderung. Dr. David gab ihm die Akte, in der sich auch der Medikamentenplan befand, den er gerade erst übertragen hatte. „Aha ..., hmmm ...", gab der Oberarzt immer wieder von sich, als er die Akten studierte. „Was soll eigentlich diese Schlamperei hier?" „Welche Schlamperei?", fragte David entsetzt, und ihm wurde ganz unwohl zumute. „Na das hier!" Wagner hielt dem Assistenzarzt den Aufnahmebogen vor die Nase. „Das wird bei uns nicht so gemacht, wofür gibt es Regeln? Da blickt doch sonst kein Mensch durch!"

Dr. David nahm die Kritik zwar entgegen, konnte sich aber keinen Reim darauf machen. Das hatte ihm doch keiner gesagt, wie das hier lief. Woher sollte er das dann wissen? Die anderen machten doch auch, was und wie sie es für richtig hielten. „Und was soll das denn hier?", kam es weiter schneidend vom Oberarzt – in einem Ton, der dem jungen Assistenten durch Mark und Bein ging. „Zwölf Medikamente? Wo kommen die denn her?" „Vom Hausarzt!", antwortete David wahrheitsgemäß. „Der hat uns den Patienten so geschickt. Deshalb wollte ich ja mit Ihnen sprechen." „Vom Hausarzt?", wiederholte Wagner ungläubig. „Na, vielleicht ist dessen Bruder ja der örtliche Apotheker. Dann würde ich ja Verständnis aufbringen. Nee, so geht das nicht!" Der Oberarzt sah erneut auf die Uhr und schüttelte nur seufzend den Kopf. Irgendwo war es ja menschlich, dass er genervt reagierte, schließlich hatte er längst Dienstschluss und wollte nach Hause gehen. Dr. Wagner holte einen Stift aus der Brusttasche seines Kittels, beugte sich vor und begann die Medikamentenliste noch einmal zu lesen. „Gehen wir das Ganze mal durch! Schauen Sie zu, David. Damit Sie was lernen!" Dr. Wagner begann, jedes aufgelistete Medikament einzeln durchzugehen. „Das hier muss weg!", sagte er. „Das auch!" Die ersten beiden Medikamente strich der Oberarzt einfach aus der Liste. „Davon reicht die halbe Dosis! Und das hier ..., ja was ist das denn? Das macht doch überhaupt keinen Sinn! Weg damit!" Als Dr. Wagner fertig war, hatte er die ganze Liste von oben bis unten modifiziert. Teilweise Medikamente gestrichen und teilweise die Dosierungen verändert. „Alles klar, David?", fragte Dr. Wagner und drückte dem Assistenzarzt die Akte wieder in die Hand. Dr. Wagner sah wieder auf die Uhr und eilte aus dem Stationszimmer. Ohne sich umzudrehen, rief er noch: „Noch irgendwelche Fragen, David? Gut, dann bis morgen!" – und war verschwunden.

Selbstverständlich hatte Dr. David noch Fragen. Eine ganze Menge sogar. Aber jetzt traute er sich nicht mehr, sie zu stellen. Es war ja nicht schlecht, wenn der Oberarzt die Medikation gleich selber machte. Davids Problem allerdings war: Er verstand nur Bahnhof. Wagner hatte ihm zwar gerade demonstriert, dass er so gut wie gar nichts richtig, sondern alles so falsch wie nur möglich gemacht hatte. Wie es richtig ging, hatte er ihm allerdings nicht gesagt, und auch nicht, warum er die verschiedenen Medikamente modifiziert oder gestrichen hatte. Dr. David schloss die Akte und ließ sich auf seinen Stuhl fallen.

Gleich am nächsten Tag hatte Dr. David wieder eine Neuaufnahme. „Und wo haben Sie die Schmerzen, Frau Kindermann?", fragte der junge Arzt und palpierte den Bauch sorgfältig aus. Frau Kindermann sollte an diesem Vormittag neu aufgenommen werden, und Dr. David hatte wieder dasselbe Prozedere vor sich. Eigentlich wollte er sich ja drücken und alles seinen älteren Kollegen überlassen. Damit er nicht wieder was falsch machte, wovon er nicht wusste, wie es richtig ging. Doch sie hatten ihn schon eingeteilt. „Aua!", rief die schmächtige Frau und verzerrte das Gesicht. Dr. David drückte die Stelle noch einmal etwas vorsichtiger. „Tut's hier weh?" „Ja, Herr Doktor …, ja, und hier auch!" „Gut, Frau Kindermann. Ich sehe dann nachher noch einmal nach Ihnen!" Dr. David notierte sich die Ergebnisse und marschierte auf direktem Weg zum Stationszimmer. „Hallo!", grüßte ihn Schwester Elke. „Ich mach ein paar Minuten Kaffeepause, magst du auch einen?" „Ähhhm … ja!", antwortete Jens David. „Ich mach schnell die Aufnahmepapiere fertig und komm dann rüber."

Dr. David war gerade mit der Medikamentenliste fertig, als er draußen die Stimme seines Oberarztes hörte: „Wurde die Neue schon versorgt?", rief er den Schwestern zu. „Der Chef kommt später und sieht sie sich an." Frau Kindermann war privat versichert und genoss Chefarztbehandlung. „Scheiße", dachte sich Dr. David, „der hat mir jetzt grad noch gefehlt." „Ist die Neue schon vollständig aufgenommen?", wollte Wagner auch prompt wissen, als er ins Stationszimmer kam. „Noch nicht ganz, Herr Dr. Wagner, ich bin grad dabei, alles zu dokumentieren!" „Zeigen Sie mal her!" Wagner nahm die Liste und schaute sie durch. Dann verzog er verärgert sein Gesicht und sah den jungen Assistenzarzt streng an. „Sagen Sie mal, David, haben Sie seit gestern nichts dazugelernt?" „Ähm …, warum?" „Begreifen Sie das denn nicht?", maulte Wagner den jungen David an. „Schon wieder so eine ganze Batterie an Medikamenten. Mensch, wollen Sie die Patientin denn umbringen?" „Ich hab die Medikamente vom Hausarzt …" „Papperlapapp! Widersprechen Sie mir nicht dauernd!" Wagner nahm die Liste, ging sie wieder Punkt für Punkt durch und strich genau wie am Vortag kommentarlos einige Medikamente oder reduzierte die Dosierung. „Das ist doch Mist, was Sie da machen! So werden Sie niemals ein guter Arzt!" Wagner schmiss David die Liste auf den Tisch und eilte aus dem Stationszimmer. Wie am Vortag verschwand der Oberarzt genauso schnell, wie er gekommen war. „Toll", dachte sich der Assistenzarzt, „wieder ein Volltreffer." Geknickt setzte er sich auf seinen Stuhl und schaute sich die Medikamentenliste an. David war genauso schlau wie am Tag zuvor, wusste, dass er etwas falsch gemacht hatte, aber nicht, wie es richtig war.

„Stör ich?", fragte Schwester Elke vorsichtig. Jens David dreht sich um. Eben war er noch niedergeschlagen, ja fast sogar gedemütigt, aber das Lächeln der netten Schwester besserte seine Laune schlagartig. „Ich wollte dir nur deinen Kaffee bringen." „Danke! Komm rein und setz dich zu mir, wer weiß, wie lange ich noch hier bin!"

* * *

Kommt Ihnen das, was Sie eben in der Geschichte gelesen haben, irgendwie bekannt vor? Hand aufs Herz: Erkennen Sie sich vielleicht selbst wieder in Oberarzt Dr. Wagner? Nein? Dann dürfen Sie sich gratulieren. Denn eine ganze Menge Führungskräfte handelt genau so: Sie lassen ihre Mitarbeiter allein, bis diese einen Fehler machen. Und dann stürzen sie sich mit lautem Getöse auf sie. Viele Führungskräfte tun das nicht einmal aus böser Absicht heraus, sondern aus Unwissenheit. Und oft stecken Zeitmangel und auch fehlende Systeme dahinter. Aber: Hilft das einem unerfahrenen Arzt wie Dr. David weiter? Ganz sicher nicht! Ihre Aufgabe als verantwortlich führender Arzt ist es, festzustellen, wo jeder einzelne Ihrer Mitarbeiter in Bezug auf eine Aufgabenbewältigung steht und worauf ein mögliches auftretendes Problem beruht.

Alles, nur nicht „nichts tun"

Wie viele Möglichkeiten gibt es, auf die Arbeit Ihrer Mitarbeiter zu reagieren? Genau vier: Keine Reaktion, Kritik, Lob und ... Umleiten. Welche Möglichkeit ist Ihrer Meinung nach die schlechteste? Richtig: Keine Reaktion. Welche Möglichkeit, glauben Sie, wird am häufigsten praktiziert? Leider: Keine Reaktion. Das ist schlecht, denn wer nicht reagiert, demotiviert. Jede der drei anderen Varianten ist – richtig eingesetzt – in Ordnung. Eines also sollten Sie auf keinen Fall tun: Nicht reagieren! Wer Menschen keine Rückmeldung gibt, der signalisiert ihnen: „Kein Interesse." Damit verunsichern Sie Ihre Mitarbeiter, und diese werden ängstlich, demotiviert und bringen letztendlich schlechte Leistungen.

Das Umleitungsgespräch

Der Klinikalltag ist nicht perfekt und es passieren Fehler. Das ist ganz normal. Das Umleitungsgespräch bietet Ihnen die Möglichkeit, unter Anwendung entwickelnder Fragen die Gründe für den Fehler zu analysieren und zu klären. Es hilft zu erörtern, wie die Situation verbessert und effizient gelöst werden kann. So unterstützen Sie den jungen Mediziner beim Lernen, mit Hindernissen umzugehen und sich eigenständig wieder auf den Weg zum eigentlichen Ziel zu machen. Sie nutzen beim Autofahren ja auch „Umleitungen", wenn ein Stau droht. Ebenso hilft das Umleitungsgespräch, Klarheit und Transparenz zu schaffen, den guten Weg zum Ziel zu finden. Sie vermeiden dadurch Kritik und Ihr Mitarbeiter bekommt eine zweite Chance, seine Aufgabe mit der neuen Erkenntnis befriedigend zu erledigen. Stellen Sie daher entwickelnde Fragen!

Stellen Sie entwickelnde Fragen

Entwickelnde Fragen stellen heißt, dass im Kopf des Mitarbeiters die Lösung entsteht und nicht bei Ihnen! Wenn ein Mitarbeiter etwas falsch gemacht hat und er sich in Phase 1 (siehe das „Vier-Phasen-Modell" unter der 1. Aufgabe der Führung „Menschen fördern") befindet, stellen Sie gleich Fragen wie zum Beispiel: „Welche Überlegungen haben Sie bei der Zusammenstellung der Medikamente gemacht? Was können Sie weglassen? Welche Zusammenhänge, Wechselwirkungen könnten relevant sein?"

Auch kommt es darauf an, mit welcher Haltung und mit welchem Ton Sie die Fragen stellen. Ihre Haltung sollte wohlwollend, respektvoll und unterstützend sein. Zumindest in Phase 1 und Phase 2. Im Fall unserer Geschichte fragen Sie zum Beispiel: „Wissen Sie, was dieses Medikament bewirkt und weshalb es dem Patienten nicht mehr verabreicht werden sollte?" Dadurch können Sie ergründen, ob Ihr Mitarbeiter es wirklich weiß, dann kann er dadurch lernen, oder ob es an seinem mangelnden Engagement liegt. Dann ist der richtige Zeitpunkt für das 3. Hilfsmittel der Führung, die Kritik (siehe nächstes Kapitel).

Reflektieren Sie Ihren Anteil

Ist das Hindernis zu groß, dient das Umleitungsgespräch dazu, eine neue Aufgabe zu übertragen. Wenn möglich eine, für die der Mitarbeiter besser geeignet ist, damit er sie zufriedenstellend ausführen kann. Für Sie als Führungskraft ergibt sich bei einem Umleitungsgespräch die Möglichkeit, Ihren Teil der Verantwortung am Hindernis zu hinterfragen:

- Haben Sie die Aufgabe präzise genug erklärt?
- Haben Sie sichergestellt, dass der andere die Aufgabe richtig verstanden hat?
- Haben Sie die Kompetenz des Mitarbeiters richtig eingeschätzt?

Umsetzung im Alltag

In der Praxis des Klinikalltags ist es völlig normal, dass junge Ärzte viele Dinge anfangs nicht perfekt machen. Junge Ärzte sind darauf angewiesen, von Ihnen als leitendem Arzt richtig geführt und vor allem gefördert zu werden. Die etwas Älteren unter Ihnen wissen, dass in Ihrem Beruf ‚Können' eine Symbiose aus Wissen und Erfahrung, Zielsetzung und Selbstvertrauen ist. Ihr Job ist es, dem Ihnen anvertrauten Nachwuchs Ihr Wissen und Ihre Erfahrung richtig zu vermitteln. Nutzen Sie deshalb das Umleitungsgespräch und geben Sie dem Mitarbeiter die Möglichkeit, Erfahrung zu sammeln. Das gilt selbstverständlich nicht nur für die jungen Ärzte. Sobald ein Mitarbeiter eine neue Aufgabe übernimmt, kommen Situationen auf Sie zu, bei denen Sie umleiten sollten.

Wie in unserer Geschichte hätte der Oberarzt durch entwickelnde Fragen seine Erfahrung nachhaltig als Wissen an Dr. David weitergeben können. Dabei ist das Referieren im Sinne von ‚warum welche Medikamente als ...' erheblich weniger effektiv als die entwickelnde Frage, die zu einem nachhaltigen Ergebnis führt (z.B. „Wo können Sie nachschauen, um ...?" oder „Wie erkennen Sie das nächste Mal, dass ...?" und „Was können Sie im Vorfeld tun, damit ...?"). Geben Sie Ihrem Nachwuchs also immer eine zweite Chance, die Aufgabe so zu erledigen, dass er gelobt wird. Dr. Wagner hätte Dr. David präzise erklären sollen, warum und weshalb er die Medikamentenabgabe modifiziert. Anschließend hätte er bei Dr. David nachfragen sollen, was er verstanden hat. Dann wäre es am zweiten Tag sicherlich besser gelaufen. Falls Sie jedoch erkennen, dass der betreute Arzt noch nicht so weit ist, ist es Ihre Verantwortung, ihm eine neue Aufgabe zu geben. Eine, für die er besser geeignet ist.

Es gilt jedoch zu überprüfen, ob fehlendes Wissen durch mangelndes Engagement zustande kam bzw. ob fehlendes Engagement auf mangelndem Selbstvertrauen, falschen Zielen, mangelnder Zielklarheit oder einfach auf Faulheit beruht. Je nach Ergebnis muss das Umleitungsgespräch dann darauf abzielen, entweder das Selbstvertrauen zu stärken oder – bei Faulheit – Kritik anzubringen.

Umleiten muss gelernt sein

Umleiten können Sie nur in einem persönlichen Gespräch, in das Sie vorbereitet gehen sollten. Zumindest sollten Sie Umleiten üben und trainieren, damit Sie im klinischen Alltag bei unvorbereiteten Gesprächen wirkungsvoller sind. Versuchen Sie zu erahnen, wo Hindernisse auftreten können. Es geht nicht darum, recht zu haben, sondern Hilfestellung zu geben! Hören Sie auch immer gut zu. Sie sollten niemals annehmen, Sie wüssten bereits, was Ihr Gegenüber sagen will. Stellen Sie sich vor, welches Ergebnis Sie mit dem Gespräch erreichen wollen.

Umleiten ist leicht erklärbar, jedoch in der Umsetzung ohne Übung nicht einfach. Durch Umleiten führen Sie Menschen in die Unabhängigkeit und somit in die eigene Stärke. Üben Sie das Umleiten:

- Erklären Sie sachlich den Grund für das Gespräch.
- Lassen Sie über Fragen den Mitarbeiter selbst erkennen, welche negativen Folgen das unbefriedigende Ergebnis hat. Machen Sie Ihrem Mitarbeiter keine Vorwürfe, sondern:
  - Lenken Sie das Augenmerk auf die Zukunft. Überlegen Sie sich, ob es vielleicht ein Verständigungsproblem gibt oder ob Sie Ihrem Mitarbeiter gleich eine ganz neue Aufgabe stellen sollten, weil er hier überfordert ist.
  - Bleiben Sie immer ergebnisorientiert! Legen Sie genau fest, was zu tun ist, vergewissern Sie sich, dass Ihr Mitarbeiter alles verstanden hat, und halten Sie das Ergebnis – wenn möglich – schriftlich fest, auch wenn das im Klinikalltag nicht immer leicht umzusetzen ist.
- Führen Sie immer ein persönliches Gespräch und halten Sie sich an folgende Regeln:
  - Fragen Sie sich, wie es dem anderen bei und nach dem Gespräch

gehen wird. Welche Fragen sollten Sie stellen, damit Ihr Mitarbeiter die Hindernisse erkennt?

- Vermeiden Sie, recht haben zu wollen.
- Hören Sie gut und aufmerksam zu.
- Stellen Sie entwickelnde Fragen, Fragen und nochmals Fragen!
- Lassen Sie spiegeln: Fragen Sie, was der Mitarbeiter verstanden hat und was seine Erkenntnisse daraus sind.
- Setzen Sie die Entwicklungsknöpfe ein.

Bei der Kommunikation mit Ihren Mitarbeitern sollte Umleitung im Verhältnis zu Lob und Kritik (1. und 3. Hilfsmittel der Führung) rund 70 Prozent betragen. Dies soll als Ideal zur Orientierung helfen:

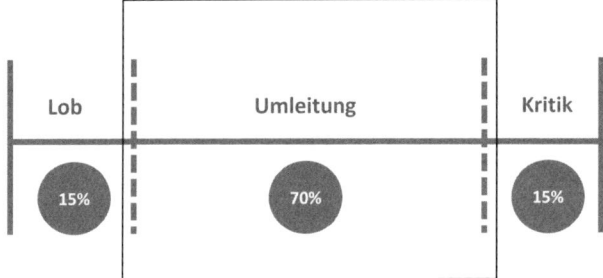

Abbildung 3: Verhältnis der Umleitungs-Kommunikation in Bezug auf Lob und Kritik

Kurz & knapp: Umleiten

Die Qualität Ihrer Fragen ist die Qualität, wie Sie Menschen weiterentwickeln können. Stellen Sie durchdachte Fragen, damit Ihr Mitarbeiter erkennt, wo er steht und was möglich ist, um weiterzukommen.

☐ Zwei Drittel Ihrer Kommunikation sollte Umleiten sein.

☐ Beschreiben und erfragen Sie sachlich die Folgen des unbefriedigenden Ergebnisses.

☐ Wählen Sie entweder die Möglichkeit, die Aufgabe präziser zu erklären oder eine neue Aufgabe zu stellen.

☐ Legen Sie das angestrebte Ergebnis exakt fest: Was genau? Lassen Sie spiegeln und halten Sie wenn möglich alles schriftlich fest.

☐ Drücken Sie dem Mitarbeiter Ihr Vertrauen aus.

3. Hilfsmittel:
Kritik

Das kann ruhig jeder mitbekommen!

Knut, Krankenpfleger auf der Chirurgischen Station, kam gerade aus dem Bad und betätigte den Desinfektionsspender vor dem Raum. Da hörte er aus dem gleich nebenan liegenden Zimmer neun die Stimme von Schwester Petra: „Wie oft habe dir schon gesagt, du sollst den Verband nicht so fest wickeln! Hörst du mir nicht zu?" Während Knut sich die Hände rieb, um die Desinfektionslösung gleichmäßig auf der Haut zu verteilen, ging er zur Tür des Zimmers und schaute hinein. Schwester Petra hielt einer jungen Lernschwester eine Standpauke. Knut wusste nicht genau, um was es ging, doch die unsichere junge Lernschwester hatte einen hochroten Kopf und schaute beschämt aus ihrem Schwesternkittel. „Jetzt mach schon und hol einen neuen Verband!" Die zierliche Lernschwester eilte aus dem Zimmer, an Knut vorbei. Er sah, wie sie sich die Tränen aus den Augenwinkeln wischte. „So läuft das doch nicht", dachte sich Knut und schüttelte nur verständnislos den Kopf.

Knut, mit 63 Jahren einer der dienstältesten Pfleger, leitete auch die Station hier. Fünf Monate noch bis zur Pension. Ein bisschen wehmütig wurde es ihm immer ums Herz. Schließlich war er an die vierzig Jahre in dem Haus und immer gerne im Dienst der Patienten unterwegs gewesen. Als Knut Schwester Petra später allein im Schwesternzimmer sah, ging er hinein und schloss die Tür hinter sich. „Ich hab mit dir zu reden, Petra!" „Ja, kein Problem! Was liegt an, Knut?", antwortete die dunkelhaarige Krankenschwester. „Petra, du bist eine sehr gute Schwester und leistest stets vorbildliche Arbeit", begann Knut und lächelte. „Danke!" Schwester Petra tat das Lob sichtlich gut. „Aber was du vorhin mit der Kleinen gemacht hast, das geht gar nicht, Petra!" Knut sagte das mit strenger Stimme und einem ebenso strengen Gesicht. „Aber sie hat den Verband viel zu fest gewickelt!", verteidigte sich Petra. „Das musste ich ihr doch sagen!" „Ja, musstest du, stimmt!", erwiderte Knut immer noch recht streng. „Jedoch nicht in diesem Ton, nicht auf diese Weise und schon dreimal nicht vor dem Patienten!"

Für einen Moment herrschte Stille im Schwesternzimmer. Knut sagte nichts mehr, sondern schaute Schwester Petra einfach nur an. „Ich habe mich geärgert, Knut. Der Patient hatte ja schon bläuliche Zehen. Da hab ich ..." „Wie würdest du dich fühlen, wenn ich dich vor den Patienten oder den Kollegen so runtermachen würde?", unterbrach Knut. Wieder ließ Knut ein paar Augenblicke des Schweigens verstreichen. Schwester Petra senkte den Kopf und schaute betreten zu Boden. „Ich will dir mal eine kleine Geschichte erzählen. Von einem jungen Arzt!"

Knut erzählte von einem Ereignis, das sich vor ungefähr dreizehn Jahren er- eignet hatte und das ihn selbst und sein Verhalten gegenüber Kollegen und Weisungsgebundenen sehr geprägt hatte. Petra hörte folgende Geschichte: Damals war es gerade recht ruhig auf der Station gewesen, und der knapp fünfzigjährige Knut hatte ein paar Minuten zum Durchatmen. Der Pfleger warf einen Blick auf die Uhr, die oben an der Wand hing. Bereits zehn nach neun. Normalerweise war die ganze Bagage um diese Uhrzeit schon voll in Aktion. Aktion, damit meinte er die morgendliche Visite. Knut, der damals ein bisschen aussah wie ein grün-alternativer Hippie, wartete gespannt. Sein Job war es an diesem Vormittag, die Vorhut für die ganze Ärztebande zu bilden. Zimmertüren aufhalten, Patienten aufdecken, Verbände abneh- men und so weiter. Mit Schwung ging die große, gläserne Flügeltür auf, und da kam sie auch schon, die ganze Armada. Wie eine Staffel Kampfflieger in Dreiecksformation eilte sie den breiten Gang entlang. Vorne an der Spitze Prof. Dr. Reiner Schwabel, der Chefarzt der Chirurgischen Abteilung. Für Knut und die Mehrzahl der anderen Pflegekräfte der physische Beweis, dass Arroganz und Überheblichkeit existierten. Prof. Schwabel hatte die Kliniklei- tung erst vor drei Monaten übernommen, als Prof. Schreier in den wohl- verdienten Ruhestand gegangen war. Im Gegensatz zu seinem Vorgänger, einem Chef, wie man sich ihn idealerweise vorstellte und wünschte, führte Schwabel nicht nur ein strenges, sondern auch ein absolut hierarchisches Regiment. „Bedingungslose Unterwerfung" lautete die Devise, wenn man mit dem recht gut aussehenden, gepflegten Mann auskommen wollte. Fach- liches Können und allzeit volle Leistungsbereitschaft galten bei Schwabel als Minimalanforderung. Und: Was er sagte, das war Gesetz! Dem Anführer der Flugstaffel folgten in zweiter Reihe die beiden Oberärzte, in dritter die Chirurgen, dann die Assistenten und zum Schluss die Studenten.

Mit gewohnt ernstem Blick und arrogantem Gesichtsausdruck gab Prof. Schwabel Knut mit einer Handbewegung zu verstehen, dass er sich ge- fälligst auf die Socken machen sollte. Knut verstand und gehorchte natür- lich, ging voraus, öffnete die Türen und bereitete, wenn es angebracht war, die Patienten vor, indem er die Decken zurückschlug, Verbände abnahm, die OP-Leibchen hochschob und dergleichen. Wie an jedem Tag hatte der verantwortliche Oberarzt die Aufgabe, den Professor kurz und knapp über den aktuellen Stand zu informieren. Nach einer Weile kam die Gruppe in Zimmer drei. Knut bildete wieder die Vorhut. „Guten Morgen, Herr Weber!", sagte Knut etwas leiser als sonst. Er verstand sich mit diesem Herrn Weber sehr gut, denn wie Knut war auch dieser eher ein lockerer und unkon- ventioneller Typ. „Morgen, Knut! Ich möchte Ihnen mal ... " „Guten Morgen,

Herr Weber!", unterbrach die laute und kräftige Stimme des Chefarztes den Patienten. „Guten Morgen, Herr Professor!", gab Herr Weber zurück und erwiderte das freundliche Lächeln des Chefarztes. Mit Patienten konnte er umgehen, der Chef. Das erkannten auch Pfleger und Ärzte an. Um jeden Einzelnen kümmerte er sich, und mit jedem ließ er sich hier und da auf ein kurzes Gespräch ein. Während der Chefarzt Herrn Weber die Hand schüttelte, hatte Knut ihm das OP-Leibchen hochgeschoben und vorsichtig das Pflaster abgenommen. Oberärzte, Chirurgen, Assistenten und vor allem die Studenten rückten so dicht wie möglich an das Bett. „Na, Herr Weber, alles gut?", fragte Prof. Schwabel. „Na ja, Herr Professor", antwortete der Patient mit dem schütteren dunklen Haar und dem schmalen, unrasierten Gesicht. „Eigentlich schon, aber …" „Was heißt denn ‚eigentlich', Herr Weber?", unterbrach ihn der Chefarzt. „Das wird schon alles gut. Glauben Sie mir!" „Ja, aber sehen Sie sich doch mal die Wunde an, Herr Professor!" Weber versuchte sich in seinem Bett ein wenig aufzurichten. Knut griff ihm sofort unter die Arme, als er sah, dass der Patient das nur mit Mühe und Schmerzen bewerkstelligen konnte. Weber zeigte auf die frische Operationswunde an seinem Unterbauch. „Hier trage ich normalerweise meinen Gürtel, Herr Professor. Das zwickt und juckt, und wie Sie sehen können, heilt die Wunde an dieser Stelle auch nicht so gut." Prof. Schwabel beugte sich nach vorne, nahm die schmale Brille aus der Brusttasche seines weißen Kittels und zog seitlich an der Haut. „Tut das weh?", fragte er. „Ja! Nicht so fest! Autsch!" „Aha! Und hier? Tut es da auch weh?" „Nein, weh nicht", antwortete Herr Weber. „Aber immer wenn ich mich bewege, dann ist da so ein komisches Gefühl. Es spannt und zieht. Ich sag ja, es ist eine blöde Stelle und gerade da, wo normalerweise der Hosenbund liegt und ich den Gürtel trage."

Prof. Schwabel machte ein ernstes, strenges, ja sogar böses Gesicht. Er winkte seinen Oberarzt zu sich und zeigte mit dem Finger auf die Wunde und die nässende Stelle. „Fällt Ihnen auf, was mir auffällt?", fragte er seinen groß gewachsenen, blonden Oberarzt. „Selbstverständlich, Herr Professor!", antwortete der Oberarzt. „Wer hat diese Operation gemacht?", fragte Prof. Schwabel mit einem strengen Ton, der jedem Anwesenden gleich signalisierte: Da kommt jetzt ein Donnerwetter. „Matzke, ist das nicht Ihr Patient?" „Oh, du arme Sau", dachte sich Knut und schaute den jungen Arzt an, der etwas abseits stand und nun näher zu seinem Chef ging. Alle anderen machten Platz. Sie wussten anscheinend auch, was die Stunde geschlagen hatte, und wollten kein Stück von diesem Kuchen namens ‚Anschiss' abhaben. „Ja, das ist mein Patient, Herr Professor!", bestätigte Dr. Dieter Matzke, ein junger Chirurg, der seit drei Jahren an der Klinik war, kleinlaut und schüchtern. „Können Sie uns allen vielleicht einmal erklären, was dieser Pfusch hier soll?", forderte der Chefarzt in einem lauten, abwertenden und aggressiven Ton. Der junge Chirurg trat an das Bett heran. „Ich habe Ihnen doch schon mindestens tausend Mal gesagt, Sie sollen den Schnitt höher ansetzen! Warum befolgen Sie meine Anweisungen nicht?"

Die Situation war nicht nur Knut peinlich. Der Pfleger hatte Mitleid mit dem jungen Arzt, und auch die anderen Anwesenden konnten mitfühlen, wie es in diesem Moment in dem jungen Chirurgen aussah. „Haben Sie was an den Ohren, Matzke?", fauchte Prof. Schwabel. „Ich habe Sie was gefragt!" „Chef, äh ..., bitte, könnten wir das draußen vor der Tür besprechen?", bat Dr. Matzke. Er errötete und hatte Schweißperlen auf der Stirn. „Arme Sau", dachte sich Knut wieder. „Warum sollen wir das draußen vor der Tür bespre-chen? Es kann und soll jeder hören, was Sie wieder für einen Mist gebaut haben!" Seine scharfen, zynischen und erniedrigenden Worte untermauerte der Chefarzt auch noch durch einen bitterbösen Blick, der bei keinem hier im Zimmer die Wirkung verfehlte. Selbst bei Herrn Weber nicht. Dessen Gesichtsausdruck ließ erkennen, dass es auch ihm peinlich war, wie der junge Arzt niedergemacht wurde. Prof. Schwabel wandte sich nach hinten, wo eine Gruppe Studenten die ganze Show verfolgte. „Kommen Sie doch bitte mal hier nach vorne. Schauen Sie sich das ruhig einmal an, damit Sie wissen, wie es nicht geht!"

Als Knut mit seiner Erzählung fertig war, hielt er wieder einen Moment inne und schaute Schwester Petra in die Augen. Der erfahrene Pfleger musste nicht nachfragen. Er sah am Gesichtsausdruck seiner Kollegin, dass die Geschichte ihre Wirkung nicht verfehlt hatte. „Und?", fragte Knut nun und lächelte freundlich. Petra lächelte zurück. „Danke!", sagte sie. „Ich schau mal, wo die Kleine steckt, und bringe ihr bei, wie's richtig geht."

* * *

Kritik ist ein wichtiges Entwicklungsinstrument, das jede Führungskraft mit Bedacht einsetzen sollte. Warum? Wo Menschen arbeiten, da passieren auch Fehler. Das gilt selbstverständlich auch für eine Klinik. Gewisse Fehler dürfen zwar nicht passieren. Aber sie passieren eben! Die entscheidende Frage ist: Wie gehen Sie damit um? Kritik kann – falsch angewendet – zu einer Rasier-klinge in der Hand eines Affen werden. Wenn Sie falsch kritisieren, wie Prof. Schwabel aus unserer Geschichte, können Sie im wahrsten Sinne des Wortes eine Karriere zerstören, noch bevor diese überhaupt begonnen hat.

Kritisieren Sie fehlendes Engagement, nicht fehlende Kompetenz!

Im klinischen Alltag sollten Sie darauf achten, dass das Engagement und **nicht** die Kompetenz kritisiert wird. Und: Bevor Sie kritisieren, sollten Sie umleiten! Handelt es sich um Ärzte, die in einer spezifischen Situation unerfahrenen sind (Phase 1 und Phase 2), dann sollten Sie als verantwortlicher Arzt gar nicht bzw. nur sehr vorsichtig kritisieren. Dies hat nichts mit dem Dienstalter zu tun. Sowohl Jungassistenten als auch ein neuer Oberarzt oder ein neu berufener Chefarzt sind zunächst einmal in der Phase 1 und Phase 2 ihrer Entwicklung. Sie können zum Beispiel ein erfahrener Arzt in Phase 4 sein und beginnen mit etwas Neuem (z.B. ein neues Projekt, eine neue medizinische Richtung usw.). Dann sind auch Sie wieder in der Phase 1, und Ihr Vorgesetzter sollte Sie in dieser Phase nicht kritisieren, sondern umleiten.

Bevor Sie kritisieren, sollten Sie sich fragen: Welche Verantwortung tragen Sie selbst an dem Fehlverhalten? Haben Sie die Rahmenbedingungen so gestaltet, dass die Wahrscheinlichkeit, sich fehlerhaft zu verhalten, minimiert wurde? Ein plakatives Beispiel ist der erste Nachtdienst, in dem eine Fehlentscheidung getroffen wurde. Habe ich im Vorfeld dafür gesorgt, dass der junge Kollege ausreichend auf die Situation vorbereitet war? Habe ich dafür gesorgt, dass eine Vertrauensbasis zwischen dem Diensthabendem und der Ansprechperson besteht, sodass dieser sich auch traut, bei ihr nachzufragen? Ist dies nicht der Fall, dann gilt die Kritik nicht dem Diensthabenden, sondern mir selbst!

Konstruktive Kritik ist eine Kunst

Wie schnell neigen Sie zur Kritik? Und wie oft ist es nur Frustabladen und dient gar nicht der Entwicklung der Mitarbeiter? Eine wirkungsvolle Führungskraft beherrscht die Kunst, ihre Mitarbeiter so zu kritisieren, dass diese für eine konstruktive Kritik sogar dankbar sind und diese annehmen können. Dies hat wiederum die nicht zu unterschätzende Motivation zur Folge, dass der kritisierte Mitarbeiter sein Verhalten ändern will. Das ist der Idealzustand, und der wirkt nachhaltig. Als Chefarzt bzw. generell als leitender Arzt sollten Sie die Kunst der konstruktiven Kritik erlernen. Auch das erfordert Übung und ist eine Herausforderung: Üben, üben und nochmals üben! Bevor es zur Situation der Kritik kommt. Rufen Sie sich auch immer wieder die Entwicklungsknöpfe: **Ziele, Selbstvertrauen, Wissen** und **Erfahrung** (siehe Kapitel 1, Menschen fördern) in Erinnerung.

Achten Sie genau darauf, ob wirklich ein mangelhaftes Verhalten Ihres Mitarbeiters zugrunde liegt, bevor Sie kritisieren:

- Konnten Sie sich selbst davon überzeugen bzw. wissen Sie es aus erster Hand? Ist Ihre Quelle vertrauenswürdig? In unserer Geschichte konnte Prof. Schwabel natürlich sicher sein. Er hat die Operationswunde ja selbst gesehen. In diesem Punkt war die „Welt noch in Ordnung". Er hatte das Recht und als Chefarzt auch die Pflicht, den jungen Assistenten zu kritisieren, falls der zu kritisierende Grund zum wiederholten Mal vorkam.
- Als Nächstes sollten Sie sich selbst auf den Prüfstein stellen. Ist Ihnen die Person, die Sie kritisieren wollen oder müssen, sympathisch? Oder lehnen Sie sie aus irgendeinem Grund ab? Überlegen Sie, was Sie an Ihrem Mitarbeiter schätzen. Dadurch bekommen Sie eine wirkungsvolle Haltung ihm gegenüber und Sie bringen stimmig rüber, dass Sie ihn wirklich entwickeln wollen. Ihr Mitarbeiter spürt nämlich, wenn Sie nur deshalb von seiner Leistung enttäuscht sind, weil Sie ihn nicht mögen oder nicht viel von ihm halten. Anders formuliert: Sorgen Sie dafür, Ihren Mitarbeiter auf rein sachlicher Ebene zu kritisieren, unabhängig von Ihrer Sympathie zu ihm.
- Hüten Sie sich davor, einfach nur Frust abzuladen und Ihrem Ärger oder vielleicht auch Ihrer Antipathie Luft zu machen. Fragen Sie sich: „Was ärgert mich wirklich?" und „Möchte ich tatsächlich helfen?".

Natürlich ist es ärgerlich, wenn sich ein junger Arzt oder eine Lernschwester immer wieder dieselben Fehler „erlaubt". Manchmal ist es auch schwer, sich zurückzuhalten und nicht zu kritisieren. Falls Sie sagen: „Das ist aber deutlich zu viel an Verbandsmaterial!", haben Sie in der Sache zwar recht. Stellen Sie stattdessen aber eine entwickelnde Frage. Im Fall der jungen Lernschwester fragen Sie besser: „Wissen Sie, was Sie mit dem strammen Wickeln bei dem Patienten bewirken?" Dadurch können Sie ergründen, ob sie es wirklich nicht weiß und sie kann dadurch lernen kann. Falls es aber mangelndes Engagement ist, dann ist nun der richtige Zeitpunkt zur Kritik!

Sie dürfen Mitarbeiter auf keinen Fall so kritisieren, wie es Prof. Schwabel in der Geschichte getan hat. Obwohl die Kritik in der Sache bestimmt ihre Berechtigung hatte, war sie dennoch deplatziert. Der Chefarzt hätte den jungen Arzt unter vier Augen kritisieren sollen, wenn überhaupt – auf keinen Fall aber vor dem Patienten und auch nicht vor versammelter Mannschaft. So hat Prof. Schwabel den jungen Arzt persönlich diskreditiert und ihn vor aller Augen regelrecht niedergemacht. Hilfreich ist das nicht, denn so kann schnell aus einem guten Mitarbeiter ein schlechter und aus einem schlechten ein noch schlechterer werden. Die Angst, öffentlich bloßgestellt zu werden, kann wiederum für Blockaden sorgen, die einen jungen Mediziner in seinem Tun und Lassen hemmen und seine Effizienz im Klinikbetrieb schmälern können.

Umsetzung im Alltag

Der Alltag in unseren Kliniken zeigt leider immer wieder, dass nicht richtig kritisiert wird. Das soll kein Vorwurf bzw. keine „Kritik" sein. Woher sollen leitende Ärzte es wissen, wenn ihnen dies nicht beigebracht wurde? Sicher ist die Geschichte um Prof. Schwabel in dieser Form nicht die Regel. Trotzdem werden diese Fehler häufig gemacht, wenn auch in abgeschwächter Form. Gerade beim medizinischen Nachwuchs kann so ein fehlerhaftes Verhalten großen Schaden anrichten. Damit wird den jungen Mitarbeitern vor allem ihr Selbstvertrauen genommen und sie werden dadurch in ihrer Entwicklung gehemmt.

Kritik ist ein mächtiges Instrument. Üben Sie sich darin, Kritik immer konstruktiv anzubringen. Sie müssen den Ihnen anvertrauten Nachwuchs leiten und fördern.

Regeln für richtig platzierte Kritik

- **Stellen Sie niemals die Person selbst infrage!** Trennen Sie klar zwischen dem Mitarbeiter als Person und dessen Handlung. Wenn Sie ihn kritisieren, dann nur für das, **was** er getan hat – für die Sache also –, und **nicht** dafür, was er als Mensch ist. Kritisieren Sie ihn deshalb keinesfalls persönlich wie zum Beispiel mit der Aussage: „So werden Sie nie ein guter Arzt!" Bedenken Sie: Mit Ihrer Kritik wollen Sie ein bestimmtes (fehlerhaftes) Verhalten verhindern und nicht den Mitarbeiter verlieren.
- **Kritisieren Sie nie emotional!** Bringen Sie Ihre Kritik niemals im ersten Ärger oder aus Angst heraus. Also nicht gerade dann, wenn Ihnen zum Beispiel der Kragen platzt. Trotzdem sollte die Kritik zeitnah erfolgen, und zwar immer dann, wenn etwas vorgefallen ist, das es zu kritisieren gibt. Häufen Sie keine negativen Dinge so lange an, bis der berühmte Tropfen den Krug zum Überlaufen bringt. Kritik sollte sich auch jeweils nur auf ein bestimmtes Verhalten beziehen.

- **Kritisieren Sie wenn möglich auch immer nur unter vier Augen** und tun Sie dies **nicht schriftlich.** Auf keinen Fall dürfen Sie Ihre Mitarbeiter vor anderen kritisieren!

Bei der Kommunikation mit Ihren Mitarbeitern sollte Kritik im Verhältnis zu Lob und Umleitung (1. und 2. Hilfsmittel der Führung) rund 15 Prozent betragen. Dies soll als Ideal zur Orientierung helfen:

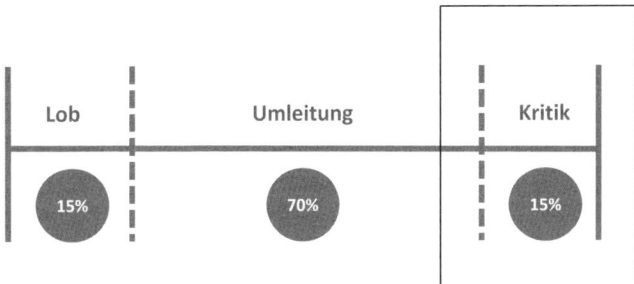

Abbildung 4: Verhältnis der Kritik-Kommunikation in Bezug auf Lob und Umleitung

Bereiten Sie sich auf ein Kritikgespräch vor. Haben Sie vorgängig schon umgeleitet? (Falls nicht, führen Sie zuerst ein Umleitungsgespräch; siehe 2. Hilfsmittel „Umleiten".) Für das Kritikgespräch notieren Sie sich stichpunktartig den zu kritisierenden Sachverhalt und beachten Sie folgende Regeln bzw. die emotionale Kurve des Kritikgesprächs:

Die emotionale Kurve des Kritikgesprächs

1. Starten Sie mit einer neutralen bis positiven Begrüßung und bauen Sie Vertrauen auf. Sagen Sie, was Ihnen an der Zusammenarbeit gefällt, aber nur, wenn Sie diese einleitende Aussage emotional vom folgenden Kritikgespräch auch trennen können (Nähe-Distanz!).
2. Benennen Sie den Kritik-Punkt. Sagen Sie zum Beispiel: „Es geht heute um ...". Vermeiden Sie dabei lange Erklärungen (keine Rechtfertigung, warum Sie zum Kritikgespräch eingeladen haben). Führen Sie das Gespräch über einen Visualisierungspunkt. Das bedeutet: Notieren Sie das Kritikthema auf einem Blatt Papier, so trennen Sie Person und Sache. Dann müssen Sie dem Kritisierten nicht direkt in die Augen sehen, wenn Sie den Kritikpunkt benennen, sondern zeigen auf das Blatt Papier und lenken so den Blick auf die Sache und nicht auf Mitarbeiter. Lassen Sie

aufkommende Ausreden und Rechtfertigungen des Kritisierten nicht zu. Sagen Sie zum Beispiel: „Wir haben da schon mehrfach darüber gesprochen. Heute geht es mir nur darum, dass ..." oder „Mich interessieren keine Umstände aus der Vergangenheit. Mir liegt alleine daran, wie wir die Situation lösen und ähnliche Ergebnisse in der Zukunft vermeiden". Wichtig: Lenkt Ihr Gegenüber ein und Sie merken, dass der Kritikpunkt beim anderen emotional (nicht nur intellektuell) angekommen ist, springen Sie direkt zu Punkt 5. Sehr oft kommen an dieser Stelle Ausreden, lassen Sie diese nicht zu.

3. Falls die Person mit den Ausreden nicht aufhört, teilen Sie Ihr Gefühl darüber mit: „Ich bin enttäuscht darüber, dass ...", „Das hätte ich nicht erwartet". Denn Ihr Gefühl ist nicht verhandelbar! Wenden Sie dabei jedoch nie länger als eine halbe Minute auf, um dem anderen Ihr Gefühl zu zeigen oder zu beschreiben.

4. Schweigen Sie und lassen Sie die Stille wirken. Geben Sie dem Gegenüber die Chance, sich selbst zu korrigieren, lassen Sie jedoch erneut aufkommende Ausreden und Rechtfertigungen nicht zu. In der Regel wird der Kritisierte an dieser Stelle einsichtig. Fragen Sie nach, bis wann er die Sache erledigen wird. Schreiben Sie vor ihm seine Angaben betreffend Zeitpunkt und Ergebnis auf das Blatt Papier.

5. Falls der Kritisierte nichts sagt, zum Beispiel, weil er sehr emotional ist und nichts rausbringt, fragen Sie nach seinem Urteil und was er nun tun oder verändern wird. Schreiben Sie die Antworten mit und sorgen Sie für Verbindlichkeit.

6. Bringen Sie den Mitarbeiter zurück in den positiven Bereich, zeigen Sie Vertrauen, kündigen Sie aber auch an, dass Sie kontrollieren werden.

7. Verabschieden Sie den Mitarbeiter freundlich. Machen Sie deutlich: „Ich freue mich auf Ihre Ergebnisse!" Geben Sie aber keine voreilige Anerkennung für mögliche Absichtserklärungen des Mitarbeiters.

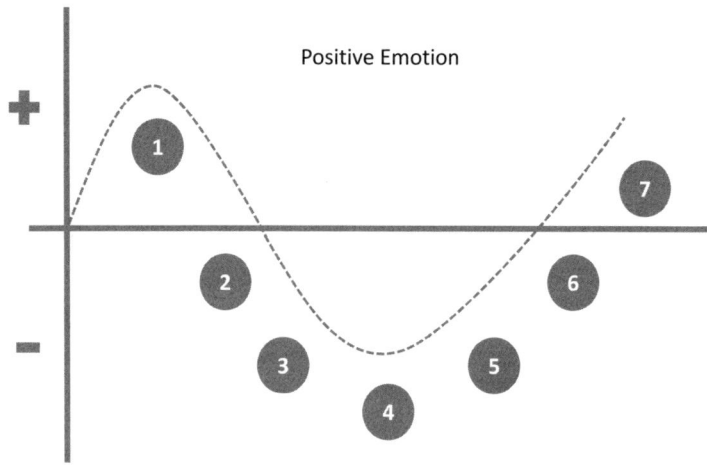

Abbildung 5: *Die emotionale Kurve des Kritikgesprächs*

Diese Kurve dient Ihnen zur Orientierung, welchen emotionalen Verlauf der Mitarbeiter während des Gesprächs anhand der sieben Stadien des Kritikgesprächs durchlebt.

Kurz & knapp: Kritik

> Ein Kritikgespräch ist kein Frustabladegespräch und keine Machtdemonstration. Es dient nur einem Ziel: das Verhalten eines Mitarbeiters zu verändern und ihn dabei weiterzuentwickeln.

- Prüfen Sie bei Kompetenzfehlern immer zuerst, ob Sie nicht umleiten können, bevor Sie kritisieren.

- Wer falsch kritisiert, kann das Selbstvertrauen eines Menschen zerstören.

- Kritik ist nicht geeignet, um die Kompetenz zu steigern. Sie hilft nur, um Engagement zu verbessern.

- Stellen Sie niemals die Person infrage. Trennen Sie zwischen Mensch und Handlung.

- Kritisieren Sie zeitnah und immer nur ein einzelnes Verhalten.

- Erlauben Sie keine Ausreden. Fokussieren Sie auf die Zukunft.

- Diskutieren Sie niemals über Ihre Kritik. Da Sie im Vorfeld schon umgeleitet haben, geht es Ihnen um das Engagement. Hierbei gibt es nichts mehr zu diskutieren, sondern umzusetzen.

- Geben Sie dem anderen die Möglichkeit, sich zu entschuldigen und sein Verhalten zu verändern, um es das nächste Mal besser zu machen.

- Beachten Sie die Regeln bzw. die emotionale Kurve des Kritikgesprächs.

- Wenn die Kritik vorbei ist, dann ist sie vorbei. Kochen Sie die „Suppe" nicht immer wieder auf.

4. Hilfsmittel:

EOA (ergebnisorientierte Aufgaben-beschreibung)

Was, Sie wollen kündigen?

7:15 Uhr, Besprechungsraum des Herzzentrums im Städtischen Klinikum Süd: Wie üblich fanden sich die Chirurgen und Kardiologen zur morgendlichen Besprechung ein. Die Ober-, Stations- und Assistenzärzte hatten sich bereits um den langen Besprechungstisch versammelt und warteten auf Chefarzt Prof. Dieter Ritschel. Prof. Ritschel war gerade frisch von einer Konferenz zurückgekommen. Zumeist war dann der Morgen danach einer kurzen Zusammenfassung der aktuellen Themen gewidmet, die alle immer aufmerksam verfolgten. Endlich kam der Professor mit gewohnt schnellem Gang. Als sportlicher und agiler Typ hielt er sich nicht lange mit Herumreden auf, sondern kam gleich zur Sache. Erst ging es routinemäßig um den aktuellen Status quo hier an der Klinik. Doch das hatte das Team schnell abgearbeitet. Nun warteten alle gespannt auf den Bericht vom Kongress. Besonders ein Thema beschäftigte den Professor hier sehr: eine völlig neue Technik der minimal-invasiven Herzklappenimplantation.

„Ja, der Zugang ist noch kleiner als bisher, ohne dass durch die neue multimodale Bildgebung die Übersicht verloren geht", erklärte Prof. Ritschel auf Nachfrage der Oberärztin Frau Dr. Anna Burkhardt. „Das ist die Zukunft. Wir sollten das bei uns ebenfalls etablieren!" Es folgte eine intensive Diskussion über dieses neue, zukunftsträchtige Verfahren. Der Chefarzt ließ keinen Zweifel, dass er alles daransetzen würde, damit diese Technik in naher Zukunft in der Klinik angewendet werden konnte. Sofort kamen Einwände, vor allem von den Oberärzten. „Wie sollen wir das denn in der Praxis umsetzen, Chef!", warf Oberarzt Dr. Peters ein. „Dazu haben wir doch weder das Knowhow noch die Kapazitäten. Dafür brauchen wir zunächst einmal ein festes Team, die neue Ausrüstung und so weiter!" Der groß gewachsene, fachlich interessierte Mann fand die Technik ja auch spannend und stimmte im Prinzip seinem Chef zu, doch in der praktischen Umsetzung war er eben doch skeptisch. „Wissen Sie was, Herr Peters?", meinte Prof. Ritschel, lehnte sich entspannt in seinem Stuhl zurück und verschränkte die Hände hinter dem Kopf. „Sie sind genau der Richtige!" „Der Richtige wofür?", hakte Dr. Peters nach. „Um diese neue Operationsmethode auch bei uns einzuführen," antwortete Prof. Ritschel. „Ich rufe gleich mal in Boston an. Fahren Sie zu den Kollegen dort, lernen Sie von denen und dann erwarte ich von Ihnen, dass Sie diese neuen Methoden hier bei uns an der Klinik etablieren." Damit hatte Oberarzt Dr. Heiko Peters nun nicht gerechnet. Aber die Aufgabe klang spannend. Der 50-Jährige, der aufgrund seiner sportlichen Fitness deutlich jünger aussah, hatte nichts gegen einen Tapetenwechsel. Da er vor Kurzem erst die Scheidung hinter sich gebracht hatte, gab es hier nichts und niemanden, der ihn aufhalten konnte. Ja, je mehr er darüber nachdachte, desto mehr konnte er sich mit dem Auftrag seines Chefs anfreunden.

In der Ostküstenmetropole Boston hatten die Kollegen die neue Methode federführend entwickelt, und dort sollte der Arzt aus Deutschland alles über das neue Operationsverfahren quasi von der Pike auf lernen. Hier wirkte der herzchirurgische Dinosaurier Prof. William Jackson, ein Herzchirurg der ersten Stunde, der schon fast alles gesehen hatte. Das hauseigene Institut war schon seit vielen Jahren auf dem Gebiet der minimal-invasiven Operationsverfahren führend. Zusammen mit einem Institut in Zürich hatten die Amerikaner vor etwa einem Jahr die ersten Patienten operiert. Seitdem avancierte das Zentrum mit seinem Leiter Prof. Jackson zum Mekka dieser neuen OP-Verfahren. „Hello Mr. Peters!“, begrüßte ein etwa 45-jähriger, schlanker und typisch amerikanisch aussehender Mann Dr. Peters am Gangway des Flughafens von Denver. „My name is Dr. Jim Brown! Ich habe die Ehre, Sie für die Zeit Ihres Aufenthalts zu betreuen.“ „Hello Dr. Brown!“, antwortete Peters. „Nice to meet you!“ „Oh please, Heiko, einfach nur Jim!“ Gegen fünf Uhr abends fand sich Dr. Peters im Foyer des Herzzentrums am Denver-Memorial ein, so wie er es mit seinem Betreuer Jim Brown vereinbart hatte. Allein von außen hatte der moderne Bau den Arzt aus Deutschland schon schwer beeindruckt. Und dann erst innen! Diese Klinik verbreitete ein Flair von absoluter Professionalität und strahlte trotzdem eine gewisse Wärme und Behaglichkeit aus. „Da können wir deutlich mehr lernen als nur ein neues OP-Verfahren“, dachte Dr. Peters anerkennend. Jim Brown war auf die Sekunde pünktlich und führte seinen deutschen Gast in einen großen Besprechungssaal, wo bereits andere Ärzte aus verschiedenen Ländern warteten. Mit einem Kollegen aus der Schweiz freundete sich Dr. Peters gleich an, und mit ihm zusammen sollte er die nächsten Wochen hier lernen. Als Prof. Jackson sich dem deutschen Oberarzt vorstellte, war dieser schwer beeindruckt von dessen Persönlichkeit.

Im Boston Heart Center hatten sich die Ärzte professionell auf ihre „lernenden“ Gäste eingestellt. Und so ging es auch schon gleich am nächsten Morgen voll zur Sache. Als Erstes erläuterten Jackson und seine Kollegen die Basics dieser neuen Methode und führte die Gastärzte in dieses neue Verfahren ein. Dr. Peters zeigte sich sehr gelehrig und interessiert. Sein Interesse war echt, denn diese neue Methode begeisterte ihn zunehmend. Es handelte sich in der Tat um eine mehr als elegante Technik und einen echten Fortschritt in der modernen Herzchirurgie. ‚Learning by doing‘ hat bekanntlich in den USA einen sehr hohen Stellenwert, und so konnte sich Dr. Peters in den letzten beiden Wochen seines USA-Aufenthalts auch in der Praxis bei Operationen schulen lassen. Prof. Jackson zollte dem deutschen Arzt großen Respekt, denn Peters hatte sich als gelehriger und talentierter „Schüler" gezeigt.

Nach insgesamt sechs Wochen USA ging es zwar kurz nach Hause, aber viel Zeit zum Verschnaufen hatte Dr. Peters nicht. Es reichte gerade einmal dafür, um seinem Chefarzt und seinen Kollegen zu berichten – nicht unbedingt alles, was er wusste. Denn insgeheim war Dr. Peters natürlich klar, dass er seinen Kollegen und sogar seinem Chef gegenüber nun einen enormen Wissensvorsprung hatte. Und man musste ja nicht gleich das ganze Pulver verschießen. Nur Frau Dr. Cornelia Borsig, seine junge Assistentin, weihte der Oberarzt komplett ein. Sie zeigte sich nämlich genauso fasziniert und interessiert wie Peters selbst. Als nächste Station stand das Krankenhaus in Wien auf dem Programm, welches das erste Zentrum in Europa war, das diese Technik durchführte. Auch hier ließ sich Dr. Peters drei Wochen lang intensiv ausbilden und erkannte kleine Modifikationen der Kollegen, die die Operation deutlich vereinfachten.

Danach reiste er weiter an das Universitätsspital in Zürich. Dort hatten sie eine ehemalige Chirurgin, die bei Prof. Jackson gelernt hatte, als leitende Oberärztin ans Spital geholt. Die Zusammenarbeit mit ihr, die Dr. Peters vor allem sehr viel praktische Erfahrung brachte, war für den Oberarzt genau das, was ihm noch gefehlt hatte, bevor er wieder zurück an sein Klinikum ging. „Wie ich höre, sind Sie nun absolut fit, was das neue Verfahren angeht, Herr Kollege Peters", begrüßte ihn dort der Chefarzt. „Nun ja, doch, die OP geht gut von der Hand. Dadurch, dass ich von den Besten lernen konnte, war die Lernkurve steil." „Und wie gedenken Sie die Einführung bei uns vorzunehmen?" Dr. Peters hatte einen Plan, und den wollte er mit seinem Chef zusammen festlegen. Ausführlich erklärte der Oberarzt die von ihm gewünschte Vorgehensweise, welche Geräte, welche Instrumente und welches Team er dafür brauchte. Doch zu seiner großen Überraschung schien Ritschel nicht sonderlich viel Wert darauf zu legen, einen genauen Maßnahmenplan festzulegen. „Na, dann machen Sie mal!", hieß es einfach vom ärztlichen Direktor.

Und Dr. Peters machte eben mal. Die ersten Operationen mit dem neuen Verfahren wurden ein großer Erfolg. Peters hatte es drauf. Die Arbeit an sich und der Erfolg, den er damit hatte, motivierten ihn. In seiner Assistentin, Frau Dr. Cornelia Borsig, fand er eine engagierte und lernwillige Hilfe. Es dauerte nicht lange und das Duo Peters/Borsig wurden zu einer festen Institution. Der Erfolg sprach sich herum. Die Patienten wurden immer mehr. Schnell hatte Peters sich den Ruf einer Koryphäe auf diesem Gebiet erarbeitet. Und das machte ihn nicht nur selbstbewusst, sondern ließ ihn auch ein kleines bisschen abheben. Da von oben keinerlei klare Richtlinie kam, machte Dr. Peters eben sein Ding. Aber auch nur seins. Mit der Zeit wurde er sich immer bewusster, dass er allen anderen Kollegen etwas voraushatte. Das verschaffte ihm einen elitären Rang innerhalb der Ärzteschaft des Herzzentrums, und selbstverständlich gefiel er sich in dieser Rolle. Die Kolleginnen und Kollegen waren von dieser „One-Man-Show" jedoch nicht sehr begeistert. Im Gegenteil: Jetzt, wo an ihrer Klinik dieses neue Verfahren praktiziert wurde, brannten sie darauf, ebenfalls in die Materie eingearbeitet zu werden. Bei jeder Chefbesprechung und auch anderen Gelegenheiten sprachen sie Dr. Peters darauf an. „Du hast ja recht, Siegfried!", sagte Peters dann regelmäßig zu seinem Oberarzt-Kollegen. „Aber die Zeit ist dafür noch nicht reif! Wir sind noch nicht so stabil!" „Ja, aber irgendwann müssen wir doch einmal damit anfangen!" „Selbstverständlich müsst ihr das!", bekräftigte Peters. „Aber noch sind Cornelia und ich nicht so weit. Uns fehlt noch die nötige Erfahrung. Sobald wir das hier alles sicher und fest im Griff haben, lerne ich euch gerne an."

So ging die Zeit ins Land. Dr. Peters hatte es überhaupt nicht eilig, dem ständigen Drängen seiner Kollegen nachzugeben. Zum einen fühlte er sich wirklich noch nicht fit genug, um sein Wissen und Können an andere weiterzugeben. Zum anderen fehlte ihm ganz einfach eine klare Richtlinie, wie man das Wissen weitergab. Er konnte doch nicht einfach zwischen Tür und Angel, mal eben in der Kaffeepause, anfangen, seine Kollegen zu unterrichten. Als Arzt hatte er einen dicht gedrängten Tagesablauf. Da konnte er nicht einfach mal so jemandem ein neues OP-Verfahren beibringen. Vom Chefarzt kamen zwar ab und zu diverse Bemerkungen, aber ein roter Faden oder konkrete Vorgaben blieben aus. Und warum sollte er, Peters, sich also darum kümmern, seine eigene Arbeit vernachlässigen und sich um die Ausbildung anderer sorgen? Sein Job war es doch nicht, das zu organisieren. Außerdem: Warum sollte sich Dr. Peters seine Konkurrenz eigentlich selber schaffen? So vergingen Tag für Tag, Woche für Woche und Monat für Monat. Und es passierte nichts.

An einem Samstagvormittag erhielt Dr. Peters einen Anruf. Es war ein Headhunter, der im Auftrag eines privaten Herzzentrums anrief. Das gediegene Haus war übernommen worden und gehörte jetzt zur Intersana-Gruppe, einem der weltweit größten privaten Klinikbetreiber. „Wiederholen Sie das bitte noch mal", forderte Dr. Peters den unbekannten Herrn mit der markanten Stimme überrascht auf. „Die Birkenwald-Klink bietet Ihnen die Position als Chefarzt an, Herr Dr. Peters", wiederholte der Herr am anderen Ende der Leitung bereitwillig. „Ihr guter Ruf als Spezialist für minimal-invasive Herzklappen ist Ihnen vorausgeeilt. Das Klinikum wird komplett modernisiert und mit einem Hybrid-OP vom Feinsten ausgestattet, ganz nach Ihren Wünschen. Das Haus Birkenwald möchte auf diesem Gebiet expandieren, und dazu sind Sie der richtige Mann. Interessiert?" Und ob Dr. Peters interessiert war! Gleich in der nächsten Woche fuhr er zu der Klinik und traf sich dort mit den verantwortlichen Leuten. Die Leitung der Klinikgruppe unterbreitete ihm ein äußerst lukratives Angebot. Dazu jede Menge Freiheiten und die finanziellen Möglichkeiten, das neue Operationsverfahren auch forschend zu begleiten. Noch am selben Abend nahm er seine Assistentin und Kollegin Frau Dr. Borsig zur Seite und erzählte ihr von dem Angebot. „Meinst du das wirklich ernst?", fragte die junge Ärztin mit großen Augen. „Ja selbstverständlich!", antwortete Peters. „Ich kann mir Assistenten und Kollegen mitnehmen. Das haben die mir ausdrücklich zugesagt. Also was ist, bist du dabei?" „Na ja ... – dann bin ich auch dabei!"

Dr. Heiko Peters machte damit einen großen Sprung auf der Karriereleiter. Die junge Ärztin Cornelia Borsig natürlich auch. Ein heikler Termin stand dem Oberarzt noch bevor: Er musste noch kündigen. Peters hatte ein schlechtes Gefühl im Bauch, als er zu seinem Chefarzt ging. Mulmig wäre weit untertrieben. „Sie wollen was?" Prof. Ritschel glaubte sich verhört zu haben. Sein Gesichtsausdruck sprach Bände. Enttäuschung, Wut und Ratlosigkeit lösten sich ab. „Ich habe ein Angebot, das ich nicht ausschlagen kann, Herr Professor!", fasste Peters seinen Vortrag zusammen. Er hatte die Situation ja gerade ausführlich geschildert. „Das können Sie doch nicht machen, Peters! Wir haben Ihnen alles ermöglicht!", brauste der Chefarzt jetzt auf. „Mir haben Sie es zu verdanken, dass Sie dieses neue Verfahren lernen durften. Ich habe Ihnen ermöglicht, dass Sie sich zu einem Spezialisten entwickeln. Und jetzt lassen Sie mich und die Klinik einfach hängen und hauen ab? Das hätte ich nie von Ihnen gedacht!" Prof. Ritschel war tief enttäuscht und frustriert, fühlte sich an der Nase herumgeführt. In der Sache nachvollziehbar, denn er würde nicht nur einen hervorragenden Arzt und Chirurgen verlieren, sondern mit einem Schlag auch die gesamte Kompetenz seiner Klinik auf dem Gebiet dieses neuen Operationsverfahrens. Wie hatte das passieren können? Was war nur falsch gelaufen?

* * *

Spielen sich nicht diese oder ähnliche Geschichten manchmal in Ihrer Klinik ab? Was könnte die Quintessenz daraus sein? Warum passiert das? Weil es in der Regel dem Zufall überlassen bleibt, wie ein Mitarbeiter seine Aufgaben und seine Karriere wahrnimmt. Selbst wenn er glaubt, diese zu kennen, unterscheidet sich seine Vorstellung davon oft gravierend von der seines Vorgesetzten. Wie in unserer Geschichte. Prof. Ritschels Absicht war die Einführung des neuen OP-Verfahrens an seiner Klinik. Dr. Peters wollte im Prinzip dasselbe. Warum hat es nicht funktioniert? Weil der Chef seinem Oberarzt **keine genaue Aufgabe** gestellt und den Ausgang aller Bemühungen mehr oder weniger dem Zufall überlassen hat. Ohne eine genaue Aufgabe können Menschen aber keine Ergebnisse im Sinne der Erwartung ihrer Leitung erzielen. Sie können sich und ihr Wirken nicht selbst überprüfen. Wer nicht genau weiß, was er zu tun hat und was von ihm erwartet wird, der tut eben das, was er meint tun zu müssen. Dann bleiben Ausgang und Ergebnis dem Zufall überlassen. Das Ergebnis: Es bildet sich eine „Schattenwirtschaft".

So steht das Ergebnis im Fokus

Eine ergebnisorientierte Aufgabenbeschreibung (EOA) kann helfen, eine klare Vorstellung des eigenen Wirkens zu entwickeln und sie mit den Zielen der Klinik abzugleichen. Sie legt unter anderem fest, welche messbaren Ergebnisse im Rahmen einer Aufgabe erzielt werden sollen. Erst dadurch wird eine Aufgabe klar und erfassbar. Der Mitarbeiter hat damit ein genaues Bild vor Augen, was er in welchem Zeitrahmen zu tun hat, und die Führungskraft kann die Ergebnisse leichter kontrollieren. Wer sein Ziel und die einzelnen Etappenziele klar vor Augen hat, schärft auch den Blick auf notwendige Ressourcen, Veränderungen und erforderliche Maßnahmen, mit denen er sein Ziel erreichen kann. Dadurch wird der Weg zum Ziel klar und Identifikation sowie Verantwortung nehmen deutlich zu. Die Aufgabe einer EOA darf natürlich nicht missverstanden oder falsch interpretiert werden. Keiner darf sich hinter ihr verstecken, frei nach dem Motto: Ich beschränke mich nur auf das, was da drinsteht. Flexibilität ist und bleibt unabdingbar. Zu viele Aufgabenbeschreibungen sind auch nicht ratsam, denn dann wird die ganze Sache aufgabenorientiert und nicht ergebnisorientiert. Bei einer ergebnisorientierten Aufgabenbeschreibung sollte eben auch immer das angestrebte Ergebnis im Fokus stehen.

Verantwortungsbereiche klar definieren

Soll eine Organisation wie zum Beispiel eine Klinik ergebnisorientiert strukturiert sein, dann ist es auch notwendig, die Verantwortungsbereiche klar zu definieren. Eine solche Definition dient dazu, dass sich die Mitarbeiter über ihren Arbeits- und Kompetenzbereich klarwerden. Genau zu wissen, was sie zu tun haben und was von ihnen erwartet wird, gibt ihnen Sicherheit und Orientierung. Das hilft, Aufmerksamkeit und Konzentration gezielt zu steuern. Zuständigkeiten und Verantwortungsbereiche werden transparent und das Delegieren von Aufgaben funktioniert besser. Wird jemand krank oder geht für längere Zeit in Urlaub, kann zügig eine adäquate Vertretung gefunden und eingeteilt werden. Damit ist das Arbeitsvolumen nach der Rückkehr des Abwesenden deutlich reduziert.

Die Vorteile einer EOA

Die Vorteile einer ergebnisorientierten Aufgabenbeschreibung aus Sicht der Mitarbeiter, der leitenden Ärzte und der Klinik sind vielfältig:

Vorteile einer EOA aus Mitarbeitersicht:

– Gibt Orientierung und Sicherheit.
– Dient als Entscheidungshilfe.
– Erleichtert Prioritätensetzung.
– Gibt Kenntnis darüber, was verlangt wird.
– Ermöglicht klare Absprachen mit Vorgesetztem.

Vorteile einer EOA aus Sicht der leitenden Ärzte:

– Hilft zu erkennen, wo der Mitarbeiter steht und wo angesetzt werden muss.
– Erleichtert herauszufinden, wie der Mitarbeiter denkt.
– Dient als Identifikationshilfe.
– Klärt und gleicht Prioritäten zwischen Mitarbeiter und Führungskraft ab.
– Hilft bei Kontrolle und Kommunikation.
– Fördert die Ergebnisorientierung.

Vorteile einer EOA aus Sicht der Klinik:

- Sorgt für Transparenz.
- Macht unabhängig von Einzelpersonen.
- Erleichtert Neubesetzung von Stellen bei Ausfällen.
- Verbessert die Ergebnisorientierung in der Klinik.
- Schützt vor Unvorhergesehenem (z.B. Fluktuation, Verlust von Kompetenz).

Die EOA in vier Schritten

Bei der Einführung von EOAs und dem Arbeiten damit sollten Sie nach den folgenden vier Schritten vorgehen:

1. **Fokussieren auf das Wesentliche**
Konzentrieren Sie sich auf wenige, wichtige Ziele und werden Sie von der Gießkanne zum Brennglas (Lupe): Nach dem Gießkannen-Prinzip tanzen Sie auf vielen Hochzeiten und Ihre Zeit reicht vorne und hinten nicht. Beim Brennglas-Prinzip wählen Sie das Entscheidende aus und setzen es konsequent um. Gießkannen sind nonstop beschäftigt, Brenngläser hingegen sehr wirkungsvoll. Sorgen Sie dafür, dass jeder Mitarbeiter die wichtigsten Ziele kennt und versteht. Ideal ist, wenn die Führungsebene die wichtigsten Unternehmensziele in Form von EOAs umsetzt und top-down stufenförmig nach unten führt.

2. **Erarbeiten von EOAs**
Die jeweils eigene EOA wird von jedem Mitarbeiter selbst ausgearbeitet, anschließend mit dem Vorgesetzten besprochen und, falls notwendig, angepasst. Überprüfen Sie als Führungskraft, ob der jeweilige Mitarbeiter die Stärken und Fähigkeiten hat, um die Anforderungen der EOA zu erfüllen. Um eine wirkungsvolle EOA zu entwickeln, benötigen Sie einige Anläufe. Fangen Sie einfach an und verbessern Sie dann Stück für Stück die Messkriterien. Besser ist es, 80 Prozent gleich zu realisieren, als 100 Prozent nie. Perfektionismus führt hier nicht zum Ziel.

3. **Visualisieren der Ergebnisse**
Wenn es möglich ist, visualisieren Sie die Ergebnis- und Fortschrittkennzahlen, die sich aus der EOA ergeben, so, dass sie für jeden Beteiligten zugänglich und einsehbar sind.

4. Halten Sie sich gegenseitig verantwortlich – jederzeit

Analysieren und besprechen Sie regelmäßig das Verhältnis des Ist-Zustandes zu den Ergebnissen der EOA. Stellen Sie dabei folgende Fragen: „Was haben Sie getan? Wofür werden Sie sorgen? Wo benötigen Sie Unterstützung?"

Umsetzung im Alltag

Die Geschichte um Dr. Peters und seine Klinik hätte sicher einen anderen Verlauf genommen, wenn Prof. Ritschel mit seinem Oberarzt eine EOA für das gesamte Vorhaben aufgestellt hätte. Dann wären seine Vorstellungen einer nachhaltigen Etablierung der neuen Methode von Beginn an kongruent mit denen seines Mitarbeiters gewesen. In der Praxis des Klinikalltags wird ergebnisorientiertes Arbeiten in schriftlicher Form vernachlässigt. Welche fatalen Folgen das für die gesamte Klinik haben kann, hat unsere Geschichte gezeigt. Mit einer eigenen ergebnisorientierten Aufgabenbeschreibung können Sie als leitender Arzt den für ein bestimmtes Vorhaben geeigneten Mitarbeiter wählen. Im Falle von Dr. Peters geschah das mehr oder weniger zufällig. Für das oder ein ähnliches Vorhaben mit so hohem Stellenwert wie in unserer Geschichte können Sie dem ausgewählten Mitarbeiter die in der EOA zusammengefassten Aufgaben ausführlich erklären. Sie können ihn gezielt dirigieren, ergebnisorientiert begleiten und verlieren dadurch niemals selbst die Kontrolle über das zu realisierende Projekt. Der Ausgang bleibt dann nicht mehr dem Zufall überlassen, wie im Falle Dr. Peters. Ihr Mitarbeiter hat damit auch die Möglichkeit, die einzelnen Verantwortungs-bereiche zu prüfen und zu überlegen, ob er in der Lage ist, die Messkriterien zu erfüllen. Sie verschaffen sich Gewissheit darüber, ob er die EOA kennt, akzeptiert und ob er sich zutraut, sie zu erfüllen.

Überwinden Sie Widerstände gegen die EOA

Wenn Sie in Ihrer Klinik EOAs einführen, könnten Sie dabei Widerstände erfahren. Es bedarf einer gewissen Umgewöhnung, wenn in alte Strukturen jetzt plötzlich Transparenz, Klarheit und Selbstverantwortung bis in den letzten Winkel der Abteilungen eingeführt werden soll. Ihre Aufgabe als leitender Arzt ist es, Ihr Team von den Vorteilen der EOA zu überzeugen. Das geht am einfachsten durch gezielte Fragen, wie zum Beispiel:

– Wäre es für Sie von Vorteil, wenn Sie genau wissen, was von Ihnen verlangt wird?

- Wäre es für Sie wünschenswert, wenn Sie die Prioritäten Ihrer Aufgaben kennen?

Betonen Sie folgende Aspekte:

- Neue Aufgaben in der Klinik erfordern eine klare EOA. Sie dient als Richtschnur für die Mitarbeiter, um kongruent mit den Zielen der Klinikleitung zu arbeiten.
- Mitarbeiter brauchen Ergebnisse, um wachsen zu können (Aufbau von Selbstvertrauen).
- Eine EOA lenkt den Hauptfokus. Flexibilität ist wichtig.
- Beschreiben Sie die erwarteten messbaren Ergebnisse und nicht die Tätigkeiten. Ergebnisse sind viel leichter kontrollierbar.
- EOAs lehren Mitarbeiter, ergebnisorientierter zu handeln, und bilden die verständliche Grundlage für Kontrolle.

Unterstützen Sie Ihre Mitarbeiter – falls nötig –, kreative Wege zu finden, die das Erreichen des gewünschten Ergebnisses möglich machen. Machen Sie klar, wann und wie Sie kontrollieren werden.

Werden die festgelegten Ergebnisse (wiederholt) nicht erreicht, überlegen Sie, ob Sie:

- die EOA präziser formulieren sollten.
- mit dem Mitarbeiter ein neues Ziel festlegen.
- dem Mitarbeiter eine andere Aufgabe übertragen.

Eine EOA ist nie vollkommen abgeschlossen. Heutzutage ändern sich die Tätigkeitsfelder ständig. Eine EOA sollte dynamisch dauernd in der Diskussion sein, fortlaufend korrigiert und ergänzt werden.

So erstellen Sie eine eigene EOA

Eine vollständige und ergebnisorientierte Aufgabenbeschreibung auszuarbeiten ist natürlich nichts, was Sie mal so eben im Vorbeigehen erledigen können. Vor allem, wenn es sich um anspruchsvolle Aufgaben und Projekte handelt, wie beispielsweise die Einführung eines neuen Operationsverfahrens. Jeder Mitarbeiter erstellt seine EOA selbst und bespricht sie mit seiner Führungskraft. Bei der Erstellung Ihrer eigenen EOA gehen Sie wie folgt vor:

1. Tragen Sie alle Aufgaben zusammen, die für das Projekt wichtig sind.
2. Ordnen Sie die Aufgaben anschließend nach Prioritäten.
3. Formulieren Sie zu jeder Aufgabe ein messbares Ergebnis und feilen Sie an diesem Punkt so lange, bis Sie sämtliche Aufgaben in einer eindeutigen Ergebnissprache formuliert haben.

Achten Sie dabei auf folgende Punkte:

- Präzise Abgrenzung des Verantwortungsbereichs.
- Beschreibung von konkreten Ergebnissen (Klarheit, Präzision, Vollständigkeit, Messbarkeit) – nicht Aufgaben oder Tätigkeiten.
- Messbarkeit: Zeitpunkt oder Zeitdauer, Regelmäßigkeit, Quantität (Maßeinheit), Qualität.
- Bei Ergebnissen, die ein weites Zeitfenster haben oder sehr komplex sind, sollten Sie Zwischenergebnisse und Etappenziele aufführen.
- Die Formulierung „Ich sorge dafür, dass ..." zeigt, wer für das Erzielen des jeweiligen Ergebnisses verantwortlich ist.
- Mit einem weiteren Zusatz kann festgelegt werden, welche Schritte für das Erzielen des Ergebnisses erforderlich sind. Dr. Peters aus unserer Geschichte hätte in einer EOA zum Beispiel formulieren können: „Ich sorge dafür, dass ich bis zum Ende des Jahres mein vollständiges Wissen und meine gesammelte Erfahrung im minimal-invasiven Operationsverfahren an meine Kollegen weitergegeben habe, damit das Know-how in der Klinik bleibt."

Kurz & knapp: EOA

> Eine Führungskraft sorgt dafür, dass ihre Mitarbeiter eine persönliche EOA erstellen und sich so selbst klare Zielvorgaben erarbeiten, mit denen sie sich identifizieren können.

Erstellen einer EOA:

1. Notieren Sie alle Teilschritte einer Aufgabe eines Projekts oder Ihrer persönlichen Schritte.

2. Ordnen Sie diese nach ihrer Wichtigkeit.

3. Formulieren Sie zu jeder Aufgabe ein klar messbares Ergebnis.

4. Beurteilen und entwickeln Sie die EOA immer nach den Punkten: genaue und klare Formulierung, Zeitfenster und Messbarkeit.

Arbeiten mit der EOA:

1. Überlegen Sie: Welcher Mitarbeiter kann die ergebnisorientierte Aufgabe am besten erfüllen? Liegen dort seine Stärken?

2. Stehen dem Mitarbeiter die notwendigen zeitlichen Ressourcen zur Umsetzung zur Verfügung? Wenn nicht, ist er der Richtige? Muss ich alternativ für die notwendigen freien Zeiträume sorgen?

3. Besprechen Sie die EOA mit dem Mitarbeiter. Lassen Sie diese spiegeln. Fragen Sie klar und direkt: „Können Sie die Ergebnisse liefern? Trauen Sie sich dies zu?"

4. Erklären Sie, wann und wie Sie kontrollieren und wann Sie schriftliche Berichte erwarten.

5. Kontrollieren Sie die Berichte und machen Sie Stichproben.

5. Hilfsmittel:

Budget

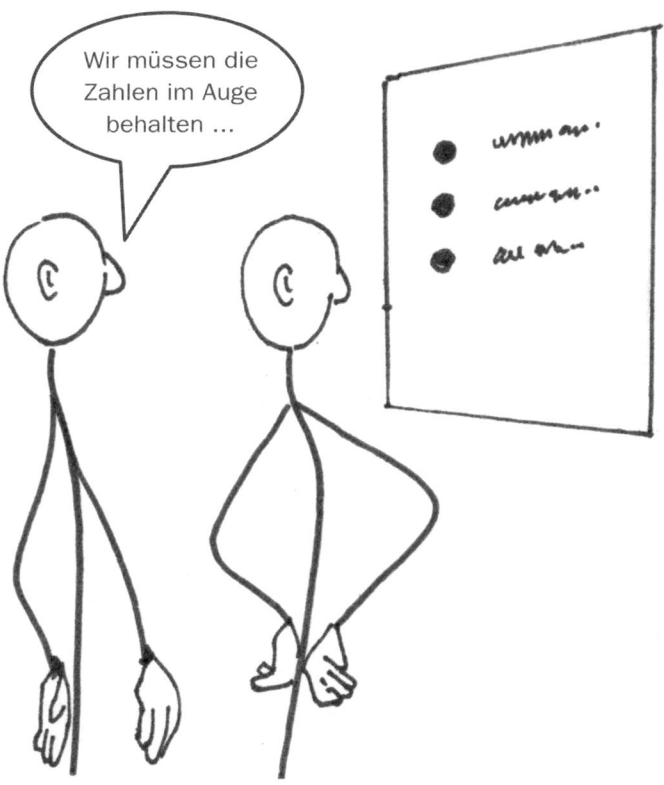

Im Feldlazarett sind die Bedingungen besser!

Diesen einen Patienten musste Dr. Günther Reiser noch versorgen, das war der letzte für heute. Anschließend noch die Berichte schreiben, und dann würde er an diesem Tag einmal etwas früher nach Hause kommen als sonst. So hoffte er zumindest ... Dr. Reiser, der Stationsarzt in der Inneren Medizin, war nicht nur Arzt aus Leidenschaft, sondern auch Fußballfan. An diesem Abend lief das Viertelfinale der Champions League, und als eingefleischter Fan wollte er dieses Spiel unbedingt sehen. Er hatte sich mit seinen Freunden zum Public Viewing in der Sportkneipe verabredet. So beeilte er sich und ging schnellen Schrittes durch die Gänge der Station, um sich einen Shaldon-Katheter zu holen, den er dem Patienten noch legen musste. Der Lagerraum lag am Ende der Station. Hier waren alle Utensilien, vom Heftpflaster über die Spritzen bis hin zu den Kathetern. Dr. Reiser war gut drauf und pfiff leise ein Liedchen. Er lag gut im Plan, und bis zum Fußballspiel hatte er noch ausreichend Zeit.

„Wo ist denn das Zeug schon wieder?", wunderte sich Dr. Reiser, nachdem er den ersten der weißen Schränke nach den Kathetern abgesucht hatte. Früher waren die doch immer hier in diesem Fach gewesen. „Wer hat denn da nur wieder umgeräumt?" Der 38-jährige Arzt suchte im nächsten Schrank. Endlich, hier hatte man die Katheter verstaut. Dr. Reiser nahm sich einen und schaute ihn an. „Oh nein", dachte er, „das ist wieder so einer ohne zusätzlichen Infusionsanschluss!" Er legte den Katheter zurück in die Kiste und suchte weiter. Dem Stationsarzt passte es gar nicht, dass seit einiger Zeit überall gespart wurde. Das ging schon bei Kanülen und Verbandmaterial los, und jetzt auch noch bei den Shaldon-Kathetern, die ja einige Zeit liegen bleiben sollten. Dr. Reiser fand den dreilumigen einfach nicht. Er beschloss, die zuständige Schwester zu fragen, und wollte gerade zum Schwesternzimmer marschieren, als die Oberschwester Margrit den Gang entlangkam. „Ah, Schwester Margrit! Kommen Sie doch bitte mal!" „Was ist denn?", fragte die ältere Schwester mit der runden Nickelbrille auf der Nase. „Wo sind denn die dreilumigen Shaldons geblieben?", wollte Dr. Reiser wissen. „Haben Sie die wieder mal versteckt?" „Das haben Sie mir letzte Woche auch schon unterstellt, Herr Dr. Reiser", beschwerte sich Schwester Margrit argwöhnisch. „Ich verstecke nichts! Ich räume nur auf und bestelle rechtzeitig nach." „Ich krieg hier noch die Krise!", schimpfte Reiser jetzt. „Mit dem Material kann doch kein Mensch arbeiten. Im Feldlazarett sind unsere Patienten besser aufgehoben als hier!" „Jetzt machen Sie mal halblang, Herr Dr. Reiser!", beschwichtigte die Oberschwester. „Was brauchen Sie denn?" „Ich suche den dreilumigen Shaldon-Katheter für Herrn Ringelmann!"

Schwester Margrit schaute den Stationsarzt fragend und ungläubig an. „Wozu brauchen Sie denn einen dreilumigen Shaldon-Katheter für den Ringelmann? Er hat doch schon einen zentralen Zugang!", erwiderte sie dann. „Ein dritter Kanal ist doch völlig überflüssig. Reine Materialverschwendung! Dieser Katheder kostet außerdem eine ganze Menge mehr als der zweilumige." „Jetzt fangen Sie auch schon damit an, Margrit!" Dr. Reiser ärgerte sich und wurde ein bisschen wütend. „Mein Job ist es, unsere Patienten bestmöglich zu behandeln. Und dazu benötige ich auch das bestmögliche Material. Sind wir jetzt schon so weit, dass wir an den Medikamenten und dem Material sparen sollen?" „Das nicht!", konterte Margrit. „Aber wir sollten das Material auch nicht verschwenden." „Ich glaub es nicht!" Dr. Reiser kam richtig in Fahrt und wurde rot im Gesicht. „Wenn uns der ZVK[3] in den nächsten Tagen zugeht und wir ihn ziehen müssen, haben wir wenigstens noch den zentralen Zugang vom dreilumigen Shaldon-Katheter." „Herr Dr. Reiser!", sagte die Oberschwester zum Stationsarzt in der Manier einer Oberlehrerin, sogar mit erhobenem Zeigefinger. „Dieser Katheter kostet zehn Euro mehr. Dafür lohnt sich das jetzt absolut nicht!" „Wegen der paar Euro! Mensch Margrit, Sie reden ja schon wie der Chef oder die Verwaltung", blaffte der Stationsarzt. „Also, wo ist jetzt der Shaldon-Katheter? Geben Sie mir jetzt einen! Ich möchte los. Heute ist Champions League, und das Spiel würde ich mir gerne ansehen."

Oberschwester Margrit schaute den Stationsarzt ein paar Augenblicke schweigend an. Man konnte ihr ansehen, dass es ihr nicht passte, was Dr. Reiser von ihr wollte. Dann ging sie zu einem Schrank, holte ihren Schlüsselbund heraus und sperrte auf. „Na gut! Das ist ein Argument!", murmelte die Oberschwester bissig und drückte dem Stationsarzt den gewünschten Katheter in die Hand. Reiser bedankte sich widerwillig, denn diese neue Sparschiene passte ihm nicht. Er wollte nicht akzeptieren, dass er sich dafür rechtfertigen musste, wenn er die Materialien haben wollte, die er für richtig und für den Patienten optimal hielt. Grummelnd ging Dr. Reiser in Zimmer sechs, wo Herr Ringelmann lag. Der Mann hatte sich nach der Operation von letzter Woche wunderbar erholt und war mittlerweile so gut wie stabil. Natürlich war das auch ein Erfolg der intensiven stationären Pflege. Während Dr. Reiser gekonnt den Katheter in der Subclavia versenkte,

---

[3]   Zentraler Venenkatheter

dachte er noch einmal darüber nach, was er vorhin mit der Oberschwester besprochen hatte. Und je mehr er nachdachte, desto missmutiger wurde er. Wie viele seiner Kollegen war Dr. Reiser Arzt aus Leidenschaft. „So wie ich keine Billigteile bei meinen Bremsen will, wenn ich in der Kfz-Werkstatt mein Auto reparieren lasse, so muss doch auch hier gelten: Qualität zahlt sich aus. Es geht doch einzig und allein um das Wohl meines Patienten", grollte Dr. Reiser immer noch und schaute Herrn Ringelmann an. Wirklich gut sah der aus. Noch etwas blass um die Nase, aber doch offensichtlich auf dem Wege der Besserung. „Ja, so muss es sein! Das sind die vielen kleinen Erfolgserlebnisse, die den Beruf des Arztes ausmachen. Da darf es doch keine Rolle spielen, ob ich nun einen Katheter mehr oder weniger verbrauche", dachte Reiser. Er schüttelte verständnislos den Kopf. „Und wenn ich die Markenprodukte nehme, die ich schon seit Urzeiten kenne und von denen ich sicher sein kann, dass sie auch genau so funktionieren, wie sie sollen, dann ist das auch im Sinne der Patienten." So, nun war alles fertig, der Patient versorgt, Katheter gelegt und alles im Butter. Herrn Ringelmann ging es sichtlich gut. Geht es dem Patienten gut, ist der Arzt zufrieden.

Dr. Reiser wollte gerade gehen, als seine Kollegin Frau Dr. Schneider um die Ecke eilte. „Günther, tust du mir einen Gefallen? Kannst du bitte bei Frau Schuhmacher das Stoma anschauen? Ich hab gerade eine Neuaufnahme reinbekommen!", bat die junge Kollegin. „Ja klar mach ich das!" Die Zeit hatte Dr. Reiser noch, und wenn nicht, dann nahm er sie sich eben. Man half sich unter Kollegen. Er ging zum Verbandswagen, um sich ein neues Paar Einweghandschuhe zu nehmen. Erstaunt zog Dr. Reiser die hauchdünnen Latex-Überzieher aus dem Karton und musterte sie. „Wer hat denn wieder diese billigen Dinger bestellt?", fragte er laut. Und wie es der Zufall wollte, kam gerade die Oberschwester Margrit um die Ecke. „Ich, Herr Dr. Reiser!" „Dieses Zeug taugt doch nichts!", schimpfte der Stationsarzt. „Jeder zweite reißt beim Anziehen. Wenn wir dann alle Hepatitis C haben, braucht sich keiner mehr zu wundern. Da ist es sicherer ohne, da weiß man wenigstens, was los ist." „Was soll ich machen?", meinte Schwester Margrit schulterzuckend. „Anordnung von der Verwaltung und Vorgabe vom Chef! Und im Übrigen, für die Differenz zwischen zwei- und dreilumigem Shaldon-Katheter können wir für mehrere Tage die guten Handschuhe für die ganze Station kaufen!" Sie grinste süffisant, drehte sich um und ließ einen verdutzten Dr. Reiser zurück.

* * *

Richtig, das ist genau der Punkt, auf den es Dr. Reiser gebracht hat: Es geht darum, dass man als Arzt zum Wohl des Patienten optimal arbeiten kann. Natürlich ist das für einen Mediziner die oberste Maxime. Aber es darf nicht die einzige sein! Die ökonomischen Herausforderungen zwingen zum Umdenken. Sie sollten lernen, mit dem auszukommen, was Sie haben. Die Anwendung der wirtschaftlichen Prinzipien ist heute gerade auch im medizinischen Bereich eine Notwendigkeit geworden. Und wie ist das in Ihrer Klinik? Hat die Mehrzahl der Betroffenen das verstanden? Eher nein? Verständlich, denn Umstrukturierungsprozesse vollziehen sich nicht von heute auf morgen.

Budgetpläne für den größtmöglichen Ertrag

„Mit einem gegebenen Aufwand den größtmöglichen Ertrag erzielen", so lautet ein weiteres ökonomische Prinzip. Das gilt auch für Sie als Arzt. Ein sehr effizientes Mittel dazu ist der Budgetplan. Es gibt jedoch kaum ein Hilfsmittel, das weniger gewürdigt und verwendet wird. Denken nicht viele Ärzte: „Ich mag keine Zahlen und keine trockenen Budgetpläne." Unsere heutige Zeit, in der die Kassen keine automatische ‚Nachfüll-Funktion' mehr haben, erlaubt es aber nicht, dieses Hilfsmittel zu ignorieren.

Vorteile von Budgetplänen

Budgetpläne bieten Ihnen entscheidende Vorteile. Haben Sie diese erst einmal verinnerlicht und sich daran gewöhnt, werden vielleicht auch Sie den Umgang mit nüchternen Zahlen zu schätzen lernen. Budgetpläne sind ein ausgezeichnetes Hilfsmittel. Sie helfen bei der:

- **Formulierung und Planung von Zielen**
  Budgetpläne sind prinzipiell der Ausgangspunkt einer vernünftigen und überprüfbaren Zielvorgabe und die Basis aller weiteren Planungen. Ziele und Abläufe werden in Zahlen übersetzt und damit zu einer klar definierbaren Größe. So werden Ziele transparent. Entscheidend ist, dass Sie sich selbst an die Vorgaben halten und Ihre Mitarbeiter dazu bringen, sich ebenfalls danach zu richten.

- **Kontrolle von Zielen**
  Ein Budgetplan garantiert eine wirkungsvolle Kontrolle durch einen Soll-Ist-Vergleich. Hat die Planung nicht gestimmt, oder war die Leistung der Ärzte und des Pflegepersonals nicht wie erwartet? Dank klarer

Kriterien können Sie Abweichungen rechtzeitig erkennen sowie entsprechende Analysen und daraus resultierende Maßnahmen erarbeiten und umsetzen. So kommt es nicht mehr zu großen Überraschungen.

- **Kommunikation**
  Der größte Vorteil eines Budgetplans besteht aber darin, dass er ein wirkungsvolles Instrument zur Kommunikation darstellt. Man sieht sich veranlasst, darüber nachzudenken, wie die Ressourcen Zeit, Geld, Mensch und Material möglichst effektiv und effizient genutzt werden können.

- **Umsetzung des Unternehmenszwecks**
  Budgetpläne lassen beim Umsetzen des Unternehmenszwecks keine Überraschungen auftauchen. Die Kontrolle über den materiellen (z.B. Geld verdienen) Zweck ist bedeutend wirkungsvoller realisierbar.

- **Eindämmung vom verschwenderischem Umgang mit Ressourcen**
  Natürlich muss dem Patienten bestmöglich geholfen werden. Wie oft kommt es aber vor, dass mit Ressourcen jeglicher Art unbewusst verschwenderisch umgegangen wird? Also auch mit Materialien und (menschlichen) Ressourcen, die mit dem Patienten direkt nichts zu tun haben? Durch ein Budget wird sich die Belegschaft dessen immer mehr bewusst.

Budgetpläne – nur mit Kontrolle effektiv

Budgetpläne verlieren allerdings ihre Bedeutung, wenn keine bestimmten Personen für ihre Umsetzung verantwortlich sind. Für jeden Plan muss jemand verantwortlich sein. Ein Budgetplan ohne Kontrolle bleibt ein theoretisches Geplänkel.

Als Chefarzt stehen Sie primär gegenüber der Verwaltung in der Verantwortung. Es liegt an Ihnen, diese Budgetvorgaben in Ihrer Klinik umzusetzen. Dafür brauchen Sie alle Ihre Mitarbeiter hinter sich und hinter den Zielen. Dies ist ein Balanceakt: Wie viele Details transportiere ich an wen? Gehen Sie gezielt vor und gewinnen Sie Fürsprecher in den verschiedenen Bereichen Ihrer Klinik!

Zu überprüfen sind positive wie negative Abweichungen. Treten stärkere Abweichungen auf, bitten Sie Ihre Mitarbeiter um Vorschläge zu Gegenmaßnahmen. Damit fördern Sie auch das Verständnis für Vorgaben und die Mitarbeiter lernen, sich selbst zu kontrollieren und eigene Lösungen zu suchen. Die positiven Abweichungen sind die wichtigsten Wegweiser zu Chancen und Stärken. Die sollten Sie nutzen und ausbauen.

Um ein besseres Verständnis zu schaffen, überlegen Sie sich zusammen mit Ihren Mitarbeitern, was geschehen würde, wenn sich zum Beispiel die Fallzahlen verändern. Zum einen kann solch eine Entwicklung schneller eintreffen, als Ihnen lieb ist. Auf der anderen Seite sollten Sie rechtzeitig darüber nachdenken, an welchen Stellen Ihre Klinik oder Ihre Abteilung flexibel ist. Zu guter Letzt ist dies ein Weg, um die wesentlichen ökonomischen Zusammenhänge wirklich zu verstehen.

Umsetzung im Alltag

Wie ist die Zusammenarbeit bei Ihnen in der Klinik zwischen der kaufmännischen Verwaltung und dem medizinischen Bereich? Die kaufmännische Verwaltung trägt auf der einen Seite die wirtschaftliche Verantwortung und hat dafür zu sorgen, dass die Klinik finanziell überlebt. Das heißt, ihre Aufgabe ist es, den Klinikbetrieb so zu beeinflussen und zu steuern, dass dieser mit den zur Verfügung stehenden Mitteln auskommt. Aufgabe der kaufmännischen Verwaltung ist es auch, den Klinikbetrieb wirtschaftlich gesund zu halten. Jeder Beteiligte, zum Beispiel auch Dr. Reiser aus unserer Geschichte, möchte möglichst gute Arbeitsbedingungen vorfinden. Das zu garantieren ist auch eine Aufgabe der kaufmännischen Verwaltung. Haben Ihre Ärzte ein Verständnis für diese Zusammenhänge?

Klinik und Verwaltung müssen die gleiche Sprache sprechen

Die Aufgabe der leitenden Ärzte ist es, sich in den Dienst einer rentablen Klinik zu stellen. Sie sind dafür verantwortlich, ein Verständnis auf Seiten der Verwaltung und der Klinik zu schaffen. Bei der Verwaltung ein Verständnis für das Umsetzbare und den Prozess dorthin, bei der klinischen Mannschaft für die Notwendigkeit der erforderlichen Maßnahmen. Mediziner, Ärzte und Pflegepersonal haben in der Regel mit wirtschaftlichen Dingen noch wenig bis gar nichts am Hut, denn ihr Fokus liegt darauf, Patienten zu helfen. Zunächst einmal ohne jegliche Rücksicht auf Kosten und Aufwendungen. Dass Ärzte und Verwaltungspersonal aufgrund dieser unterschiedlichen Standpunkte oft aneinandergeraten und aneinander vorbeireden, liegt auf der Hand.

Lernen Sie, ein gegenseitiges Verständnis aufzubauen! Vor allem müssen Klinikbetriebe intern eine einheitliche Sprache sprechen (lernen). Es geht darum, den Standpunkt des anderen zu verstehen, ohne zwangsläufig einverstanden zu sein. Der Perspektivenwechsel schafft den gemeinsamen Nenner, um erfolgreich eine Lösung zu erarbeiten. Eine solche Sprache schafft ein neues Bewusstsein für die ökonomische wie klinische Notwendigkeit. Durch dieses Bewusstsein ist ein wirtschaftlicher Erfolg mit dem ärztlich ethischen Anspruch vereinbar. Hier kommt der Budgetplan ins Spiel:

- Betrachten Sie den Budgetplan als ein Hilfsmittel, damit Sie optimal arbeiten können, und nicht als Knechtschaft der Verwaltung.
- Machen Sie sich und Ihren Mitarbeitern des medizinischen Personals immer wieder klar, dass Budgetpläne dafür da sind, den reibungslosen und langfristigen Betrieb der Klinik zu gewährleisten.
- Schaffen Sie beim medizinischen Personal ein Verständnis für die Perspektive und Belange der Verwaltung und umgekehrt.
- Gehen Sie in den unterschiedlichen Bereichen auf die verantwortlichen Führungskräfte zu und schaffen Sie ein Verständnis in Bezug auf Geld füreinander.

Kurz & knapp: Budget

Jede Abteilung in der Klinik spricht eine Art ‚Fremdsprache'. Der medizinische Bereich verwendet andere Ausdrücke als die Verwaltung. Die wiederum hat eine andere Sprache als die Pflege oder die Technik. Es gibt jedoch eine Sprache, die alle vereint: der Erfolg und der Ruf der Klinik. Das Budget ist die Schnittstelle dazu.

Als medizinische Führungskraft ist es Ihre Aufgabe, dafür zu sorgen, Gegensätze innerhalb der Klinik aufzulösen. Vor allen zwischen Verwaltung und medizinischem Personal. Sorgen Sie für ein gegenseitiges Verständnis, damit:

☐ die Verwaltung die Bedürfnisse der Klinik versteht und die Budgetplanung bedarfsorientiert gestalten kann.

☐ das medizinische Personal aktiv an der Erreichung der Budgetziele mitwirkt, indem Sie die Vorteile einer finanziell gesunden Klink für die Entwicklung jedes Einzelnen klarmachen (siehe 2. Aufgabe der Führung: Unternehmenszweck erfüllen).

3. Kapitel:
Prinzipien der Führung

1. Prinzip:

Verantwortung übernehmen

Rien ne va plus!

Die elektrisch gesteuerten Flügeltüren, die den Gang der Notaufnahme vom Außenbereich trennten, flogen auf. Die beiden Sanitäter mit ihren orange-farbenen Westen eilten schnellen Schrittes herein. Einer schob die fahrbare Trage, der andere hielt in der linken Hand den Infusionsbeutel und half nur mit der rechten beim Schieben. Auf der Trage lag ein junger Mann mit blutüberströmtem Gesicht. Zwei Pfleger der Klinik rannten den Sanitätern entgegen. „Der angemeldete Motorradunfall!", rief der junge Sanitäter, der die Infusion hielt. „Nasgowitz, Arno, Jahrgang 1989! Ist in der Kurve wegge-rutscht. Verdacht auf akutes Abdomen. Hat einen hohen Volumenbedarf." „Es steht schon alles bereit. Direkt durch zur OP-Schleuse!", informierte ihn ein Pfleger in der Notaufnahme.

Im OP wartete bereits Dr. Mathias Müller mit seinem Team. Es ging alles sehr schnell. Die Pfleger der Klinik fassten das Bergetuch, auf dem der Patient lag. „Auf drei!", befahl die Anästhesistin. „Eins, zwei und ... drei!" Professionell verfrachteten die OP-Pfleger zusammen mit einem Sanitäter den verunglückten jungen Mann auf den OP-Tisch. Jeder Handgriff saß. Das hatten sie alle schon zig Male gemacht. Im OP wurde der Patient in Winde-seile abgewaschen und die Tücher geklebt. Dr. Müller, der diensthabende Chirurg, ließ sich vom Notfall-Sanitäter noch einmal kurz den Status quo erklären: Multiple Frakturen, akutes Abdomen mit Verdacht auf massive in-nere Blutungen, lautete die erste Diagnose. Dr. Müller schaute die Anästhe-sistin fragend an. „Es kann sofort losgehen!", sagt diese zu ihm und nickte. „Wir sind bereit." Dr. Müller nahm das Skalpell und setzte an: „Schnitt!" Nach einigen Sekunden war der Bauchraum geöffnet.

„Ach du Scheiße!", meinte Dr. Müller nur. Das Blut sprudelte im Bauchraum hoch und lief heraus. Die Anästhesie wurde hektisch, dann hörte man das bekannte und gefürchtete Piepsen des Monitors. Kammerflimmern. Hekti-sches Treiben bei Ärzten, Anästhesisten und Pflegepersonal begann. Herz-massage. Infusionen, mit Hochdruck in den Patienten gepresst. Dr. Müller konnte nur noch dastehen, wie gelähmt zusehen. Fieberhaft versuchten die anderen, den jungen Mann zu reanimieren. Müller schwitzte, zitterte und starrte gebannt auf den Monitor. Nichts tat sich. Nun mach schon! Nein, alles sinnlos. Rien ne va plus! Exitus!

„Herr Dr. Müller?", fragte eine zarte Frauenstimme. Es war Schwester Gabi. Müller schreckte auf seinem Stuhl hoch. „Entschuldigung, Herr Doktor ... Ich

wollte Sie nicht ..." „Schon in Ordnung, Gabi!", antwortete der Arzt benommen und setzte sich schnell wieder ordentlich auf seinen Stuhl. „Ich hab Sie gar nicht kommen hören!" „Sorry!", wiederholte die Krankenschwester. „Ich wollte Ihnen nur sagen, dass der Motorradfahrer wieder ansprechbar ist." „Was?", fragte Dr. Müller erschrocken und verstand nicht ganz. „Sie wollten doch Bescheid wissen, wenn der Patient Nasgowitz wach wird", erklärte die hübsche Krankenschwester mit dem sympathischen Lächeln. „Er ist stabil und..., na ja, ziemlich gut drauf." Sie wurde rot. „Er flirtet bereits mit der halben Station!" „Ähm ..., äh ja. Ähm ..., danke Gabi. Danke!" Die Schwester verdünnisierte sich mit verwundert hochgezogenen Augenbrauen. Dr. Mathias Müller rieb seine brennenden Augen. Er hatte sich hier im Ärztezimmer nur kurz ausruhen wollen und war wohl eingenickt. „Gott sei Dank", dachte Dr. Müller erleichtert. Das hatte er nur geträumt! Natürlich, er hatte den jungen Arno Nasgowitz an jenem Nachmittag doch lange Stunden zusammengeflickt. Erfolgreich! Und er hatte ihm das Leben gerettet, so wie es sein Job als Arzt und Chirurg von ihm forderte. Seinem Patienten ging es gut. Das hatte Gabi eben bestätigt. Schließlich flirtete der junge Mann schon mit den Schwestern. Und das so kurz nach der Operation. Aber dieser Alptraum ... Es war ja nicht der erste gewesen. In den letzten Wochen und Monaten war Dr. Müller immer häufiger von solchen schrecklichen Vorstellungen heimgesucht worden.

Mittlerweile war es halb acht Uhr abends. Müller fuhr nicht gleich nach Hause. Vielmehr hatte er seine Frau angerufen und mit der Ausrede, ein Notfall sei hereingekommen, eine oder zwei Stunden Zeit für sich herausgeschunden. Müller machte bei Pino einen Zwischenstopp, dem Italiener gleich am Ende der Kleinstadt. Obwohl der Arzt nach diesem langen und anstrengenden Tag müde und auch ein bisschen hungrig war, war er nicht wegen der bekannt hervorragenden italienischen Küche zu Pino gefahren. Vielmehr bestellte sich Dr. Müller eine Flasche Rotwein und setzte sich damit in die hinterste Ecke an einen kleinen Tisch. Es roch gut hier, nach Pizza und Pasta. Pino, der immer freundliche Italiener mit den pechschwarzen Haaren, hatte sein Restaurant im Stil einer typisch italienischen Fischerkneipe eingerichtet. Aus den gut versteckten Lautsprechern klang gerade „Azzurro", gesungen von Adriano Celentano. Nach dem ersten Glas Rotwein entspannte sich Dr. Mathias Müller ein bisschen. Doch sein Geist hatte noch keine richtige Ruhe gefunden, und so kippte er noch ein weiteres Glas des herrlich fruchtig schmeckenden Lambruscos hinunter. Nach dem dritten Glas stellte sich endlich die gewünschte Wirkung ein, und die so sehr herbeigesehnte Entspannung machte sich langsam in Körper und Geist des Arztes breit. Dr. Müller wusste, dass es nicht richtig war, was er da tat.

Sich mit Rotwein zu beruhigen. Wo das hinführen konnte, wusste er als Mediziner doch besser als jeder andere. Aber es war die einzige Möglichkeit, einigermaßen runterzukommen und die quälenden Gedanken der letzten Monate für eine kurze Zeit beiseitezuschieben.

Das war ja eben nicht der erste Alptraum gewesen, vorhin, an diesem Nachmittag im Ärztezimmer. Dr. Müller kam ins Grübeln. Seit zwei Jahren war er nun schon Oberarzt in der Chirurgie hier am Kreiskrankenhaus. Ein kleines Haus, mitten auf dem Land. Alles, was im Einzugsgebiet der Kleinstadt passiert, kam rein zu Dr. Müller und seinen Kollegen. Ja, in so einer ländlich geprägten Gegend konnte alles passieren. Wirklich alles! Über innere Krankheiten, Herzprobleme und andere beschädigte Organe bis hin zum Blinddarm und zu Aortendissektionen. Aber auch orthopädische Krankheiten und Verletzungen gehörten dazu. Und dann die Unfälle. Jedes Frühjahr dasselbe, wenn die Motorradsaison begann, Ähnliches wie an diesem Tag: Der junge Arno Nasgowitz, der mit seinem Roller von einem Transporter touchiert wurde. „Weil sie auf der Straße auch immer rasen müssen wie die Blöden“, dachte Dr. Müller ärgerlich. Und dann kam immer alles zu ihm auf den Tisch. Eine immens große Verantwortung. Der 42-jährige Arzt schenkte sich frustriert ein weiteres Glas Lambrusco ein und schaute auf die braune Flasche. Der Rest reichte sicher noch für ein letztes Glas. Mittlerweile hatte der Rotwein seine volle Wirkung entfaltet. Müller fühlte sich deutlich leichter und entspannter. Ein immer seltener gewordenes Gefühl. Diese riesige Verantwortung, die war es, die ihm zu schaffen machte. Tagsüber war alles gut. Aber nachts und am Wochenende, da nagten die Zweifel an seinem Gemüt: „Was ist, wenn jemand reinkommt, dem ich nicht helfen kann“, musste er dann immer wieder denken. „Was ist, wenn die Operation mal zu schwierig ist? Was, wenn mir der Patient auf dem Tisch stirbt?“ Fragen über Fragen, die ihm den Schlaf raubten oder ihn in seinen Alpträumen quälten, so wie an diesem Nachmittag. Müller wusste nicht mehr, wie er mit diesen Zweifeln umgehen sollte. Seinen Kollegen davon erzählen? „Nein“, dachte er entschieden. „Auf keinen Fall, dann streichen die mich schneller vom OP-Plan, als mir lieb ist.“ Dabei war Dr. Müller ein sehr guter Chirurg. Eigentlich wusste er das. Sollte er sich seinem Chefarzt anvertrauen und mit ihm sprechen? Nein, das war auch keine gute Idee. Genauso wenig, wie sich mit den Kollegen auszutauschen. Die würden ihn doch hinter vorgehaltener Hand nur auslachen. Schließlich herrschte unter den Ärzten und Chirurgen ein harter Konkurrenzkampf, von dem niemand außerhalb der Kliniken etwas mitbekam. Es ging immer nur um eins: Der Beste zu werden! Vielleicht der nächste leitende Oberarzt. Und irgendwann Chefarzt! Ja, dann würde es eventuell wieder ein bisschen leichter werden. Denn dann konnte man die Verantwortung wieder abgeben. „Dann sind die anderen schuld, wenn was danebengeht, und nicht ich."

„Habe ich eigentlich den richtigen Beruf ergriffen?" Die Zweifel wurden in Dr. Müller immer stärker. „Ist Chirurg wirklich meine Berufung?" Er schenkte sich das letzte Glas Rotwein ein und sah auf die Uhr. Gleich neun! Jetzt musste er nach Hause fahren. Und das, obwohl er nicht nur leicht benebelt war. Dr. Müller war sich bewusst, dass er in einer mentalen Sackgasse steckte und nicht wusste, wie er da wieder rauskommen sollte. Daheim bei Frau und Kind war er zunehmend gereizt: Es gab oft Streit. Mit seiner Frau, die immer wieder zu ihm sagte: „Entspann dich doch mal, Mathias!" Auch mit der älteren, langsam aber sicher pubertierenden Tochter war es nicht wirklich einfacher geworden. Der ständige Schlafmangel zeigte seine Auswirkungen. „Wie soll ich mich denn entspannen?", fragte er sich oft verzweifelt. „Wenn doch am nächsten Tag alles wieder von vorne losgeht. Wieder aufs Neue diese immense Verantwortung auf mir lastet." Dr. Müller sah kein Licht am dunklen Horizont seines Daseins. Richtig abschalten konnte er nur hier bei Pino. Mit einer guten Flasche Rotwein. Und das machte ihm noch mehr Angst.

* * *

Was Herr Dr. Müller erkennen sollte: Es liegt an ihm selbst, wie und wofür er sich entscheidet oder wie er auf Begebenheiten reagiert. Dies gilt nahezu für alle Bereiche des Lebens, auch im Beruf. Es ist doch ein Wunschbild, anzunehmen, dass Sie in Ihrem Beruf ein wahres Paradies vorfinden, in dem alles perfekt ist. Es liegt an Ihnen und es ist Ihre Aufgabe, auf die jeweiligen Umstände so zu reagieren, wie es sich für eine erfolgreiche und erfüllte Person gehört. Wer irgendwelche Ereignisse für die eigene Befindlichkeit verantwortlich macht, gibt den Umständen zu viel Macht. Das Wetter ändert sich nicht, auch wenn man sich darüber beklagt. Fokussieren Sie auf das, was Sie ändern können. Wenn sich im Außen nichts ändern lässt, dann verändern Sie etwas im Innern.

Stellen Sie sich vor, einer Ihrer Mitarbeiter klagt Ihnen jeden Tag vor, dass er sich über die langweiligen Sendungen im Fernsehen ärgere. Irgendwann fragen Sie ihn, warum er nicht mit seiner Freundin spricht und sie bittet, auch mal andere Programme zu wählen. „Welche Freundin? Ich lebe doch alleine!" Beginnen Sie also immer bei sich selbst und übernehmen Sie die Verantwortung für Ihr Tun und Handeln.

Auch das, was Dr. Müller in der Geschichte passiert, dürfte nie geschehen. Natürlich kann es sein, dass ein Arzt irgendwann mal erkennt, dass er mit der riesigen Verantwortung nicht mehr klarkommt und sie nicht mehr tragen kann. Oder er merkt, dass es doch nicht so sein „Ding" ist, Arzt zu sein. Dann wiederum ist es seine Verantwortung, mit seiner Führungskraft darüber zu sprechen und gemeinsam Lösungen zu finden. Denn: Einfach so weitermachen, wie in der Geschichte beschrieben, ist unverantwortlich. Solche Situationen, wie die von Dr. Müller, sollten der Vergangenheit angehören. Mit einer persönlichen ergebnisorientierten Aufgabenbeschreibung (siehe Kapitel „EOA") und einem systematischen Prozess (im Kapitel „Menschen fördern") können verantwortungsvolle Führungskräfte ihre Mitarbeiter entwickeln und oben geschilderte Situationen abgewendet werden.

Grundlagen einer verantwortungsbewussten Führung

Wenn Sie Verantwortung übernehmen, sollten Sie folgende drei grundsätzliche Prinzipien befolgen:

1. **Sich selbst verpflichten**

   Wenn Sie sich mit einer Sache nicht identifizieren können, macht es für Sie dann Sinn, dafür die Verantwortung zu übernehmen? Damit Sie herausfinden, was Sie wirklich wollen, hinter was Sie stehen und wofür Sie Leidenschaft empfinden, müssen Sie sich „sich selbst verpflichten". Kein anderer Mensch kann Ihnen dies abnehmen. Fragen Sie sich zum Beispiel, warum Ihre Klinik und Ihre Arbeit im Dienste der Medizin und der Menschen für Sie etwas Besonderes ist. Empfinden Sie Leidenschaft für Ihre Klinik, die dort arbeitenden Menschen, die Ziele und vor allem die Aufgabe, die Sie zu erfüllen haben? Wird durch Ihr Wirken die Klinik oder für einige Menschen darin das Umfeld zu einem besseren Ort?

2. **Sich selbst motivieren**

   Verlassen Sie sich nicht auf andere, die Sie motivieren können. Wenn Sie auf die Motivation Ihrer Kollegen oder Vorgesetzten angewiesen sind, dann bleiben Sie kraftlos und sind von diesen „Motivatoren" abhängig. Lernen Sie, sich wirksam selbst zu motivieren! Eine echte und vor allem andauernde Motivation erreichen Sie durch Ziele, die Sie überzeugen und die Sie auch umsetzen können. So können Sie ebenfalls dazu beitragen, dass sich Ihre Mitarbeiter selbst motivieren können. Helfen Sie ihnen, sich Ziele zu setzen und Selbstvertrauen aufzubauen, um die gesteckten

Ziele auch zu erreichen. Daraus resultiert ein gutes Betriebsklima und letztendlich Freude an der Arbeit. Am Beispiel Dr. Müller aus unserer Geschichte: Er hatte Angst, sich seinem Chefarzt anzuvertrauen. Ein guter Chefarzt, der erfolgreich führen kann, nimmt sich seiner Mitarbeiter an. Er gibt ihnen den Raum, die Möglichkeit und auch den Rückhalt, damit diese sich selbst motivieren können und Zweifel, die ganz normal sind, erfolgreich überwinden.

3. **Für sich selbst die Verantwortung übernehmen**
Wenn Ihrem Ärzteteam etwas Erfolgreiches gelingt, vielleicht eine neue Therapie oder ein unerwarteter Durchbruch in der Behandlung, dann erkennen Sie den Erfolg auch als solchen an. Reden Sie ihn nicht klein. Sagen Sie nicht: „Na ja, das war halt Glück!" oder Ähnliches. Ist Lob angebracht, dann machen Sie davon Gebrauch und nehmen Sie es an. Auch das stärkt jedes Mitglied Ihres Teams. Übernehmen Sie für die Erfolge Ihrer Mitarbeiter Verantwortung, aber auch für die Misserfolge. Stellen Sie nie einen Einzelnen bloß, wenn etwas falsch gelaufen ist, sondern fragen Sie sich, was Ihr Teil der Verantwortung daran ist, dass es so weit gekommen ist. Selbstverständlich sind Sie niemals für *alles* verantwortlich. Aber Sie allein tragen die Verantwortung dafür, wie Sie auf etwas reagieren. Sie allein entscheiden, ob Sie sich verkriechen, jammern und klagen oder ob Sie zu sich selbst sagen: „Geht nicht, gibt's nicht – Jetzt umso mehr!" Sie allein entscheiden, ob Sie weitergehen und Möglichkeiten suchen oder nicht. Selbstverantwortung bedeutet für Sie auch: Zuständigkeit dort übernehmen, wo sie nicht in einer klar definierten Aufgabenverantwortung beschrieben ist. Selbstverantwortung ist eine Frage der persönlichen Einstellung und nicht übertragbar. Natürlich haben Sie als Führungskraft nur einen begrenzten Einfluss. Selbstverantwortung können Ihre Assistenzärzte ja nicht zwingen, selbstverantwortlich zu arbeiten. Aber Sie können und müssen sie unterstützen. Geben Sie ihnen den Raum und die Hilfestellung, dass sie diese Selbstverantwortung eigenständig übernehmen können.

Die drei Verantwortungstypen

Sobald Sie diese Grundlagen aufgebaut haben, beobachten Sie Ihre Mitarbeiter in Ihrem Verantwortungsbereich genau. Sie erkennen dann drei Verantwortungstypen:

- **Den Passiven**

  Er ist ein Typ, der meist nur beobachtet. Er nimmt nicht richtig am Geschehen teil und packt selten tatkräftig mit an. Stattdessen macht er durch kluge Ratschläge auf sich aufmerksam. Diese Passiven haben für sich noch keine Identifikation erschaffen. Sie erwarten, motiviert zu werden, und übernehmen nur selten und ungern Verantwortung. Bei den Passiven sollten Sie aufpassen, dass diese nicht andere demotivieren oder ein schlechtes Klima im Team verursachen.

- **Den Wechselhaften**

  Mal nimmt er aktiv am Geschehen teil, ein anderes Mal will er lieber nur zuschauen. Wechselhafte sind noch unsicher, hüpfen hin und her und haben ihr Fundament im Beruf noch nicht gefunden. Ihre Identifikation ist noch sehr gebrechlich. Die Motivation und die Bereitschaft, Verantwortung zu übernehmen, sind beim wechselhaften Typus eher gering. Wird es ernst, springen sie schon mal ab. Beobachten Sie den Wechselhaften, führen Sie Gespräche und stellen Sie entwickelnde Fragen, sodass er seinen Platz findet.

- **Den Souveränen**

  Dieser Typus sitzt fest im Sattel, er identifiziert sich mit seiner Arbeit, seiner Klinik und seiner Abteilung. Er kann sich selbst motivieren und übernimmt auch Verantwortung. Souveräne sind nicht nur mit Leib und Seele dabei. Sie bilden das Rückgrat einer Abteilung, eines Teams oder einer Klinik. Souveräne haben eine hohe Eigenmotivation und lassen sich auch nicht einfach demotivieren. Egal ob von Patienten, Kollegen oder dem Chef. Diese Mitarbeiter suchen förmlich die Verantwortung, und genau solche Mitarbeiter sollten Sie emotional an die Klinik binden (z.B. Perspektiven bieten, neue Aufgabenbereiche zuteilen usw.).

Umsetzung im Alltag

Ärzte üben einen besonders verantwortungsvollen Beruf aus. Ein Arzt wie Dr. Müller aus unserer Geschichte ist beileibe kein Einzelfall in unseren Kliniken. Die Verantwortung, die junge unerfahrene Mediziner, aber auch diejenigen mit ein bisschen mehr Erfahrung übernehmen müssen, ist immens. Und es ist auch völlig normal, dass niemand perfekt auf die Welt kommt und jede Herausforderung problemlos meistern kann. Das gilt ganz besonders für Ärzte! Sie müssen durch gute und erfahrene Führungskräfte (Chefarzt, Leitender Oberarzt, Stationsarzt usw.) behutsam aber konsequent so gefördert werden, dass sie lernen, mehr und mehr Verantwortung zu übernehmen. Zunächst für sich und ihr eigenes Tun, damit sie Selbstvertrauen aufbauen. Später dann auch für die ihnen unterstellten Teams. Menschen verantwortungsvoll zu entwickeln ist im wahrsten Sinne des Wortes ein wichtiger Entwicklungsprozess.

Aktive und passive Verantwortung

Es gibt zwei Varianten der Verantwortung:

- die aktive Verantwortung, die sich auch auf die Aufgaben und Funktionen richtet, und
- die passive Verantwortung, die sich auf Ihre Vorgabe bezieht, Rechenschaft für Ihre Mitarbeiter und für die Abläufe und Strukturen, die eingehalten werden sollten, abzulegen.

Sobald in einer Klinik zu viel aktive Verantwortung übernommen wird, entwickeln sich Menschen im Umfeld nur schwer weiter. Ein Zuviel an aktiver Verantwortung sorgt für eine unbewusste Abhängigkeit von der Führungskraft. Zum Beispiel durch die Versuchung, möglichst alles selber zu machen, weil Sie vielleicht der Meinung sind, keiner könne etwas besser erledigen als Sie selbst. Ein anderes Motiv kann auch die Beliebtheit sein, die Sie dadurch sicherstellen wollen, oder die Angst vor Kontrollverlust. Durch dieses Verhalten engen Sie die jungen Mediziner aber ein und nehmen ihnen die Möglichkeit, selbst in die Verantwortung hineinzuwachsen und sie letztendlich auch zu übernehmen. Sie „erziehen" den Nachwuchs dadurch zur Unverantwortlichkeit.

Ihre Aufgaben als Führungskraft

- Die Aufgabe einer Führungskraft besteht darin, Menschen so zu führen, dass sie sich selbst organisieren können. Übernehmen Sie selbst Verantwortung und schaffen Sie gleichzeitig ein Umfeld, in dem Ihre jungen Ärzte sukzessive mehr Verantwortung übernehmen können. Gehen Sie stets mit gutem Vorbild voran. Machen Sie Ihren Mitarbeitern klar: Verantwortung ist keine Last, sondern eine Lust.

- Verantwortung übernehmen heißt: Handlungsfähig sein. Dabei spielt auch das Thema Vertrauen eine wichtige Rolle. Verantwortung und Vertrauen bedingen sich nämlich gegenseitig. Sie können niemandem Verantwortung übertragen, wenn sie ihm nicht vertrauen. Kein Chefarzt oder leitender Oberarzt wird einem jungen Chirurgen eine OP übertragen, wenn er ihm nicht zutraut, diese erfolgreich auszuführen.

- Wenn Sie Verantwortung übertragen, sollten Sie gleichzeitig auch einen gewissen Vertrauensvorschuss leisten. Der von Ihnen Geführte muss sich sicher sein können, dass Sie bei einem möglichen Misserfolg hinter ihm stehen. Kann er das nicht, wird er Verantwortung ablehnen. In diesem Fall kann der Mediziner sogar in eine tiefe Krise stürzen, wie Ihnen das Beispiel von Dr. Müller in der Geschichte gezeigt hat.

- Gehen Sie als verantwortlich leitender Arzt mit offenen Augen durch Ihre Klinik und registrieren Sie, ob und auf welche Weise es einem Mitarbeiter an Verantwortung fehlt. Registrieren Sie dies und gehen Sie dem auf den Grund. Oft liegt es am Selbstvertrauen. Verurteilen Sie die Ihnen unterstellten Kollegen, Pflegekräfte deswegen auf keinen Fall. Es gehört zu Ihren Aufgaben als Führungskraft, ihnen zu helfen, in ihre Verantwortung hineinzuwachsen und sich dieser zu stellen.

- Gehen Sie auch mit eigener Überforderung sehr verantwortungsbewusst um. Sprechen Sie mit Ihrem Vorgesetzten darüber. Finden Sie heraus, was Sie selber tun können, um sich weiterzuentwickeln. Entwickeln Sie Selbstvertrauen in sich und Ihre Mitarbeiter, wie im Kapitel „Menschen fördern" beschrieben ist.

Kurz & knapp: Verantwortung übernehmen

> Erst wenn sich ein Mitarbeiter für das Erreichen klar definierter Ziele selbst in die Pflicht nimmt, stellt sich die notwendige Identifikation ein und somit entsteht die Übernahme von Verantwortung. Jeder ist verantwortlich für das, was er tut, und für das, was er **nicht** tut.

- Es liegt an Ihnen, wo Sie im Moment stehen.

- Übernehmen Sie Ihren Teil der Verantwortung, egal was geschehen ist.

- Wer anderen die Verantwortung gibt, gibt ihnen die Macht.

- Übernehmen Sie Ihren Teil der Verantwortung der Ergebnisse Ihrer Mitarbeiter.

- Sorgen Sie für klare Verantwortungsbereiche und was Sie wechselseitig erwarten. Halten Sie dies in einer ergebnisorientierten Aufgabenbeschreibung fest (siehe Kapitel „EOA").

- Identifizieren Sie sich mit Ihrer Klinik, mit deren Zielen, Ihrem Team und mit der Dienstleistung am Patienten.

- Machen Sie sich nicht abhängig vom Motivationstropf anderer.

- Motivation = Ziele x Selbstvertrauen

- Übernehmen Sie Verantwortung für Misserfolge **und** Erfolge.

- Klären Sie Konflikte nur mit den betroffenen Personen und tragen Sie sie nicht nach außen.

- Sie sind immer dafür verantwortlich, **wie** Sie reagieren.

2. Prinzip:

Ergebnisorientierung

Was ist das wieder für eine Schlamperei?

Frau Dr. Helene Sörensen stand am Bett des kleinen Jason. Sie hatte den 7-jährigen Jungen vor etwa einer Woche am Herzen operiert. Jason litt an einem äußerst komplexen angeborenen Herzfehler und war ins Herzzentrum überwiesen worden. Wie viele andere Kinder auch, die an diesem Syndrom litten. Frau Dr. Sörensen galt weit über die Grenzen Deutschlands hinaus als Koryphäe. Den Ruf einer ausgezeichneten Kinderherzchirurgin hatte sie sich mit viel Fleiß und Disziplin erarbeitet. Die in Dänemark geborene Ärztin hatte viele Jahre eng mit dem vor zwei Jahren emeritierten Prof. Bühlmann zusammengearbeitet, einem der Gründungsväter der Kinderherzchirurgie in Deutschland überhaupt.

Zuerst hatte die blonde Chirurgin die Daten des kleinen Jungen gecheckt. Alles in Ordnung. Jason machte sich gut, er war zunehmend stabiler. Frau Dr. Sörensen war wieder einmal mit ihrer Arbeit und der ihres OP-Teams zufrieden. Einfach war es nicht gewesen. Aber das war ja auch die Herausforderung, die sie suchte. Und der Anspruch an sich selbst und an andere: Immer perfekt zu sein! Dafür hatte sie diesen Beruf ergriffen. Dafür lebte sie, dafür arbeitete sie. Tag und Nacht, manchmal rund um die Uhr. Den Begriff der psychischen und physischen Erschöpfung kannte sie nicht. Burnout war was für Weicheier, die ihren Beruf verfehlt hatten. Und wenn sich ein kleiner Patient dann so gut entwickelte, dann ging der drahtigen Ärztin das Herz auf. Sie streichelte dem kleinen Jason sanft über den Kopf. Sie liebte ihre kleinen Patienten einfach! Und sie war sich ihrer Verantwortung für die Kleinen und deren Familien bewusst!

Der Stationsarzt der Kinderintensiv kam herein. „Hallo Ella, wieder mal gute Arbeit! Wenn er so weitermacht, können wir ihn bald extubieren!" „Gut, wie sieht es mit …" Frau Dr. Sörensen stockte plötzlich. Ihr scanartiger Blick hatte alles noch ein letztes Mal überprüft und dabei auch den Urinbeutel mit ihrem Blick gestreift. „Das ist doch allerhand!", schimpfte sie los. Urplötzlich wechselte ihr bis eben noch mütterlicher und warmherziger Gesichtsausdruck und erinnerte nun an das Konterfei eines zum Angriff blasenden Militärführers. Die Ärztin sprang vom Bett des Jungen auf und eilte aus dem Zimmer, den Gang entlang, auf direktem Weg zur Kaffeeküche. In der Kaffeeküche der Station gönnten sich Oberschwester Gertrud, Schwester Monika und der Krankenpflege-Schüler Mark ein paar Minuten Pause und eine Tasse Kaffee. Wie üblich drehte sich das Gespräch der drei um ihre kleinen Patienten und deren Eltern. Auch sie liebten ihren Job, auch wenn es manchmal ohne die Eltern noch schöner wäre. „Die Eltern von Claudia haben es ja nicht einfach", sagte die Oberschwester Gertrud gerade. „Der erste Zwilling Robert ist quietschfidel und schon zu Hause und will verwöhnt werden, und Claudia verlangt ihnen hier in der Klinik alles an Geduld und Liebe ab. Man sieht richtig, wie es die Eltern zerreißt!" „Wie lange ist Claudia eigentlich schon auf der Station?", fragte Mark, der 19-jährige Pflege-Azubi mit dem modern kurz geschnittenen dunklen Haar. „Jetzt ist sie schon fast 9 Wochen hier …" Die Oberschwester wurde jäh unterbrochen, als Oberärztin Dr. Sörensen die Tür der Kaffeeküche aufriss und hereinrauschte. Die drei Pfleger zuckten zusammen und schauten sie mit großen, erwartungsvollen Augen an.

„Was ist denn das schon wieder für eine Schlamperei!", fauchte Frau Dr. Sörensen gleich und hatte einen Blick drauf, der allen durch Mark und Bein ging. „Oh Gott, jetzt gibt's wieder Ärger", dachte die erfahrene Oberschwester. „Wer von euch ist für Jason Bauer zuständig?" „Ich!", antwortete Schwester Monika erschrocken. „Was ist mit ihm?" „Der Urinbeutel ist voll!", sagte die Oberärztin in einem strengen, vorwurfsvollen Ton. Sie stemmte die Fäuste in die Hüften und nahm eine aggressive Pose ein. „Wie können Sie hier herumsitzen und in Ruhe Kaffee trinken, wenn das Kind nicht ausreichend versorgt ist?" „Nicht ausreichend versorgt?", fragte Schwester Monika vorsichtig zurück. „Ich hab schon gesehen, dass er ziemlich voll ist. Ich mach das gleich nach der Kaffeepause!" „Oh nein!", konterte Frau Dr. Sörensen. „Machen Sie das sofort und nicht nachher! Haben Sie mich verstanden?" „Ja natürlich habe ich Sie verstanden!" Schwester Monika gab sich einsichtig. „Aber was macht das denn für einen Unterschied, ob ich das jetzt gleich mache oder in fünf Minuten?" „Was das für einen Unterschied macht?", explodierte die Chirurgin, „das ist Schlamperei!" Dann wandte sie sich Oberschwester Gertrud zu. „Ich dulde keine Schlamperei bei meinen Patienten. Jeder noch so kleine Fehler in der post-operativen Phase kann das OP-Ergebnis gefährden. Ist das klar? Ich – dulde – dies – nicht!" „Selbstverständlich, Frau Oberärztin!", antwortete Gertrud. „Gut!", meinte Frau Dr. Sörensen und drehte sich wieder zu Monika um. „Und Sie gehen jetzt sofort los und wechseln den Urinbeutel!" Frau Dr. Sörensen stapfte aus der Kaffeeküche. Schwester Monika stellt mit leicht zitternder Hand ihre halbvolle Tasse auf dem Tisch ab und machte sich sogleich auf, zu Jason.

Kopfschüttelnd und mit einer gehörigen Portion Wut im Bauch ging Frau Dr. Sörensen den Gang entlang. „So eine bodenlose Schlamperei", dachte sie. „Sitzt die doch glatt in der Kaffeeküche, wie wenn nichts wäre, und trinkt *in aller Seelenruhe Kaffee, während bei dem Kleinen der Urinbeutel bald überläuft."*

Es dauerte nur ein paar Minuten, bis Monika wieder in die Kaffeeküche kam, um ihre Tasse auszutrinken. Man konnte ihr ansehen, dass sie der Anschiss der Oberärztin getroffen hatte. Vor allem war das ja wirklich ungerecht. Der Beutel bei Jason hatte sicher in absehbarer Zeit gewechselt werden müssen, und sie hatte es ja auch im Blick gehabt. Aber noch war genug Platz gewesen, zumindest für die nächste halbe Stunde. „Na, hast du den Urinbeutel gewechselt?", fragte Mark, der junge Pflege-Azubi grinsend, und versuchte, seine Kollegin ein bisschen damit aufzuziehen. „Ja, hab ich!", antwortete Monika genervt, setzte sich wieder an den Tisch und trank ihren Kaffee weiter. „Ist die eigentlich immer so?", wollte Mark wissen. Er war ja noch nicht allzu lange hier und kannte Frau Dr. Sörensen noch nicht so gut. „Ja, die ist immer so!", meinte Oberschwester Gertrud. „Der kann keiner auch nur irgendwas recht machen! Die Ärzte nicht, und wir schon gar nicht. Die motzt an allem rum!" „Ich hab gehört, dass die ziemlich gut sein soll", sagte Mark. „Gut ist untertrieben, Mark! Die Sörensen ist die Beste, die wir haben. Ein Überflieger. Ich würde ihr auch sofort mein Kind anvertrauen." „Überflieger?", fragte Mark interessiert. „Ja, die ist wirklich ein Überflieger!", bestätigte die ältere Oberschwester und erzählte dem Azubi die Geschichte der Star-Chirurgin des Herzzentrums: Mit 16 hatte Sörensen bereits das Abitur gemacht. Natürlich mit Bestnote! Im Alter von 23 Jahren das komplette Medizinstudium mit Auszeichnung abgeschlossen. Sie hatte eine Zeit lang in der Chirurgie gearbeitet und wurde bald die persönliche Assistentin von Prof. Konrad Bühlmann. Unter seiner Führung hatte sich Frau Dr. Sörensen im Laufe der Jahre zu einer der Koryphäen auf dem Gebiet der operativen Behandlung von komplexesten angeborenen Herzfehlern hochgearbeitet. „Die Sörensen gehört zweifelsohne zu den besten Chirurgen der Welt! Aber auch zu den kompromisslosesten. Die ist ein absoluter Perfektionist. In ihrem Fokus stehen nur ihre Patienten. Alles andere ist ihr egal. Und das bekommt jeder zu spüren. Wie wir ja eben gesehen haben. Nicht wahr, Monika?" „Jaaahh!", seufzte die dunkelblonde Schwester gedehnt.

Am nächsten Tag stand eine komplexe Rekonstruktion des rechten Ausflusstraktes auf dem OP-Plan. Die Anatomie im Lehrbuch und die des Kindes unterschieden sich mal wieder grundsätzlich. Eine wirkliche Herausforderung für Frau Dr. Sörensen. Es war ein viermonatiges Mädchen, das ihnen zugewiesen worden war. Die OP dauerte sieben Stunden und die dänische Chirurgin hatte sie perfekt und mit Bravour gemeistert. Einer ihrer beiden

Assistenten war gerade damit beschäftigt, die Wunde zu nähen. „Das geht so nicht!", blaffte Frau Dr. Sörensen ihren Assistenten energisch an. „Der Faden ist doch viel zu fest! Das Mädchen soll nicht für den Rest ihres Lebens mit ihrer Naht stigmatisiert herumlaufen müssen. Kommen Sie, ich zeige es Ihnen noch mal." Sie schob den jungen Arzt einfach beiseite und machte sich selbst an die Naht. Der Assistent war verzweifelt. Immer war alles falsch. Er schaute seinen Kollegen fragend an. Doch der zuckte nur mit den Schultern. Frau Dr. Sörensen hatte auch die Wunde nun selbst genäht. Alles perfekt, einfach exzellent. „So muss das aussehen!", sagte sie zu ihren Assistenten, zufrieden mit dem Ergebnis und ihrer Leistung der letzten knapp sieben Stunden. Die Chirurgin fühlte sich gut. Einfach im Fluss. Alles war genau so gelaufen, wie sie es sich vorgestellt hatte, und ihr Ergebnis stimmte: Sie hatte wieder exzellente Arbeit geleistet und einem dieser kleinen Würmchen zu einem besseren Leben verhelfen können.

Perfektionismus schien für Frau Dr. Sörensen eine Art Lebensstil zu sein, aber ein kleines Laster gönnte sie sich trotzdem: Sie rauchte! Nicht viel, aber die Ärztin gehörte zu den bekennenden Gelegenheitsrauchern. Nach sieben Stunden im OP gelüstete es sie nach einer Zigarette, und so eilte sie gleich nach dem Umziehen in Richtung Hinterhof der Klinik. Dort waren die Lieferanten- und Mitarbeitereingänge und ganz vorne an der Türe ein kleiner, überdachter und windgeschützter Bereich, der sich in den letzten Jahren als Raucherecke etabliert hatte. Als Frau Dr. Sörensen durch die alte schwere Holztür kam, sah sie ihre zwei Assistenten, die sich ebenfalls eine Zigarettenpause gönnten. „Oh, es ist doch nicht ganz so warm, wie es der Wetterbericht versprochen hat", sagte sie freundlich zu den beiden jungen Ärzten aus ihrem Team. Sie hatte sehr gute Arbeit geleistet und war dementsprechend gut drauf. „Nein, ist es nicht!", antwortete der eine. Der andere schaute demonstrativ weg. „Na ja, hoffentlich lässt der Frühling nicht mehr allzu lange auf sich warten." Die Ärztin wollte mit den beiden jungen Männern einen Small Talk beginnen, doch denen war nicht danach zumute. Die letzten Stunden waren lehrreich, aber auch anstrengend gewesen. „Wir wollten gerade gehen", sagte der jüngere Assistent und schob seinen Kollegen gleich mit Richtung Tür. Die beiden Männer drückten ihre Zigaretten in dem großen, mit Sand gefüllten Tongefäß aus. Als Frau Dr. Sörensen zufällig hinsah, fiel ihr auf, dass sie noch nicht einmal bis zur Hälfte geraucht waren. „Nanu", dachte sie und lehnte sich an das Geländer, „da sind mir die beiden wohl aus dem Weg gegangen." Dann wurde sie nachdenklich. Komisch, das passierte ihr fast immer. Ständig blieb sie alleine irgendwo stehen. Niemand war hier freundlich zu ihr, und mit nur wenigen kam sie einigermaßen klar. *Aber sie musste doch immer streng sein und ihre Mit-arbeiter wie Kollegen ermahnen, sonst stimmten die Ergebnisse einfach nicht. Deshalb gab es immer irgendwelche Spannungen. Dabei wollte sie doch nur eines: den kleinen Patienten helfen. Ja, war es denn nicht legitim, dass sie ihr Wirken ganz in den Dienst der Kinder stellte? War es denn für die anderen nicht nachvollziehbar, dass sie für ihre Patienten immer nur das Beste wollte? Warum sah das eigentlich niemand? Warum musste sie sich immer wieder von Neuem durchsetzen? Frau Dr. Sörensen schüttelte den Kopf. Nein, beim besten Willen, sie verstand das nicht …*

* * *

Erfolgreich Menschen führen bedeutet: **gemeinsam** optimale Ergebnisse erzielen. Ganz egal, wo und was Sie arbeiten, Sie werden für Ergebnisse bezahlt. Nur das Ergebnis zählt. Und je mehr erwünschte Ergebnisse Sie erzielen, desto größer ist Ihre Leistung. Je besser Ihre Leistung ist, desto größer ist Ihr Wert. Das klingt eigentlich ganz logisch, oder? Denken Sie doch einfach mal an Sportler. Fußballer zum Beispiel trainieren sehr hart. Der Fan interessiert sich allerdings nicht für die unterschiedlichen Trainingsprogramme des Fußballers. Er will Tore sehen, Ergebnisse!

Arbeiten ist nicht immer ergebnisorientiert

Von Vorteil ist es, wenn alle Mitarbeiter in der klinischen Praxis in allen Bereichen ergebnisorientiert handeln. Vielen Menschen ist die Anstrengung oder das Tun wichtiger als die Wirkung. Schauen Sie sich einmal Lebens-läufe oder Stellenanzeigen an. Nur selten werden dort Ergebnisse aufge-führt, dafür aber umso ausführlicher Stellen- und Aufgabenbeschreibungen. Man führt auf, was zu tun ist, und nicht, welches Ergebnis angestrebt wird. Es geht auch nicht darum, möglichst lange zu arbeiten. Nicht die Quantität der Zeit ist entscheidend, sondern die Qualität. Das Ergebnis zählt, nicht die Mühe. Wer arbeitet, liefert nicht automatisch Ergebnisse ab. Und manchmal sind die gelieferten Ergebnisse zu einseitig, zu fokussiert und wirken in der Gesamtheit eher kontraproduktiv. Das passiert Menschen, die ihr Wirken nur auf einen ganz bestimmten Bereich und ein einziges (Teil-)Ergebnis konzentrieren und damit das Gesamtergebnis ebenfalls verfehlen.

Aufgabe einer Führungskraft ist es, ihre Mitarbeiter anzuleiten, Ergebnisse in den Vordergrund der Bemühungen zu stellen. Nicht die Arbeit selbst. Genauso sollte eine Führungskraft darauf achten, dass Mitarbeiter sich nicht in der Konzentration auf einzelne Teilergebnisse verlieren und das Gesamtergebnis dadurch sogar gefährden. Nur dann werden Sie mit Ihrem Team Erfolge erzielen. Sie sind als Führungskraft für das Gesamtergebnis mitverantwortlich. Das ist Aufgabe genug! Das soll nicht heißen, dass Sie kompromisslos hart sind und keine Fehler dulden. Das wäre kontraproduktiv, denn viele Menschen fürchten sich vor dem Versagen und wollen darum nicht messbar sein. Nehmen Sie Rücksicht auf solche Ängste und lassen Sie Fehler zu, denn auch das sind Ergebnisse, die helfen, sich weiterzuentwickeln. Allerdings gibt es Fehler, die nicht geschehen dürfen, weil sie irreversible Konsequenzen haben. Und: Es sollten nicht die gleichen Fehler wiederholt vorkommen.

Nur das Gesamtergebnis zählt

Nehmen nicht viele Ärzte ihre eigenen Führungspersonen gar nicht als ergebnisorientiert wahr? Sie registrieren zwar, dass ihre Chefs lange, viel und hart arbeiten (z.B. operieren), aber durch das Setzen klarer Erwartungen in Form von Ergebnissen bei der Zuordnung von Aufgaben fallen leitende Ärzte mehrheitlich nicht auf. Wie viele Führungskräfte aus anderen Bereichen bewerten auch leitende Ärzte oft die Anstrengungen ihrer Mitarbeiter höher als die Ergebnisse. Dadurch fördern sie möglicherweise Aktionismus und Beschäftigungswahn.

Jede Führungskraft sollten wissen: Nur das Gesamtergebnis zählt. Sie sollte sich aber auch im Klaren darüber sein, dass ein Gesamtergebnis meistens aus mehreren Teilergebnissen besteht. Die Führungskraft sollte genau definieren, wie sich das Gesamtergebnis und die einzelnen Teilergebnisse zusammensetzen. Wenn Sie einem Ihrer Mitarbeiter eine Aufgabe übertragen, vermitteln Sie das angestrebte Ergebnis (Gesamtergebnis und Teilergebnisse) so genau wie möglich. Machen Sie deutlich, dass Sie am Ergebnis interessiert sind und nicht an Entschuldigungen und Ausreden. Fordern Sie Ihre Mitarbeiter auf, das geplante Ergebnis auf jeden Fall zu erreichen. So nutzen Sie deren Energie, um Lösungen zu finden. Nehmen Sie es nicht einfach hin, wenn Mitarbeiter zu Ihnen sagen: „Ich versuche es ...". Fragen Sie dann: „Werden Sie es tun oder werden Sie es nicht tun?" Denn wer es nur versucht, bereitet schon eine Entschuldigung für das Scheitern vor. Insgeheim rechnet der Mitarbeiter damit, dass das geforderte Ergebnis nicht erzielt werden kann. Reden Sie also nicht von „Versuchen", sondern von Ergebnissen. Es kann aber auch sein, dass jemand, der mit Hindernissen rechnet, seine Aufgabe durchdenkt und in der Lage ist, diesen Hindernissen auszuweichen. Unterstützten Sie dann Ihre Mitarbeiter, wenn Sie erkennen, dass ihnen die Umsetzung nicht leichtfällt, sie aber daran arbeiten wollen.

Ergebnisse gedeihen in klar definierten Bereichen

Das wichtigste Instrument, um eine Ergebnisorientierung zu fördern, ist ein klar definierter Verantwortungsbereich für jeden Mitarbeiter. Jeder braucht einen Raum, in dem er lernen, arbeiten und sich eigenverantwortlich entwickeln kann. Ähnlich wie eine Wiese, die jeder selbst bewirtschaften und in ein fruchtbares Feld umwandeln kann. Es ist Ihre Aufgabe als Führungskraft, eine Parzelle in der richtigen Größe zu definieren und die grundlegenden Regeln für die Bestellung des Feldes festzulegen. Welche Früchte der Mitarbeiter gedeihen lässt und wie fruchtbar seine Wiese am Ende wird, bestimmt nur er selbst durch sein eigenverantwortliches Tun. Lassen Sie den Mitarbeiter dafür eine Ergebnisorientierte Aufgabenbeschreibung (siehe Kapitel „EOA") erstellen. In diesem Entwicklungsprozess werden klar definierte Aufgabenbereiche in Ergebnissprache übersetzt.

Nicht versuchen – tun!

Achten Sie bei Ihren Mitarbeitern auf versteckte Versagensängste. Das ist besonders unbequem, wenn ein Mangel an Selbstvertrauen vorherrscht. Aus Furcht, ein Ergebnis nicht zu erreichen, planen manche Leute bereits „Hindernisse" mit ein. So à la „Lieber kleine Ziele erreichen als große verfehlen!". Lassen Sie dieses Denken in Ihrem Verantwortungsbereich nicht zu. Das fördert nur Mittelmäßigkeit. Geben Sie auch keine Anerkennung für Absichtserklärungen. Wenn jemand Zusagen oder Versprechungen macht, dann zeigen Sie höchstens Zuversicht, dass die Ergebnisse auch eintreten. Lob gibt es nur für erreichte und gute Ergebnisse.

Umsetzung im Alltag

Wie ergebnisorientiert handeln Menschen im Alltag? Und für den medizinischen Bereich: Was ist das wichtigste Ergebnis? Antwort: Menschen heilen und Leid mindern! Dies ist der Fokus des ärztlichen Schaffens und die primäre Aufgabe einer jeden medizinischen Einrichtung. Ergebnisse sind aber nicht nur Therapieerfolge. Auf dem Weg zu diesen primären Zielen geht es um viele weitere und wichtige Ergebnisse.

Anzustrebende Ergebnisse

- Leitende Ärzte (Chef- und Oberärzte, aber auch Stationsärzte), wie zum Beispiel Frau Dr. Sörensen in unserer Geschichte, haben ebenso die Aufgabe, dabei zu helfen, dass der medizinische Nachwuchs sich in einem Prozess optimal entwickeln kann. Ihre Aufgabe ist es, sicherzustellen, dass die jungen Ärzte dazulernen. Sie müssen dem medizinischen Nachwuchs einen Unternehmenszweck, also einen Sinn vermitteln. Letztendlich ist eine wichtige Voraussetzung für das Verständnis der Mitarbeiter, dass auch eine Klinik ökonomisch arbeiten muss.
- Ein weiteres Ergebnis ist es, Systeme immer wieder zu überprüfen und – falls nötig – zu verändern oder anzupassen.
- Ein nächstes Ergebnis ist, wie wirksam Sie delegieren, wie Sie loben, wie Sie umleiten und wie Sie kritisieren. Gibt es für junge Mediziner einen Prozess, der ihnen den Weg vorgibt, wie sie sich entwickeln können?
- Ein wichtiges Ergebnis für jeden Arzt (besonders für die leitenden Führungskräfte) ist auch das positive Betriebsklima.

Folgen falscher Ergebnisgewichtung

Genau genommen sind alle Aufgaben, Hilfsmittel und Prinzipien Ergebnisse. Diese gilt es im Auge zu behalten und zu erzielen, und es ist Ihre Aufgabe als leitender Arzt, darauf hinzuarbeiten. Es reicht nicht aus, „nur" ein erfolgreicher Oberarzt wie Frau Dr. Sörensen zu sein. Für diese gibt es scheinbar nur EIN Ergebnis, alle anderen werden sträflich vernachlässigt. Welche fatalen Folgen das nicht nur für die Oberärztin selbst, sondern auch für das Gesamtergebnis hat, zeigt Ihnen die Geschichte: Der einseitige Fokus auf nur ein Ergebnis (Dienst am Patienten) schadet dem Betriebsklima und auch der Akzeptanz der Ärztin selbst. Anstatt ihre Assistenten, Stationsärzte und das Pflegepersonal mit den Hilfsmitteln „Lob", „Umleiten" oder „Kritik" an ihrem exzellenten Können partizipieren zu lassen, stößt sie die Leute mit ihrem perfektionistischen Verhalten ab. Und sie macht sich unbeliebt. Es wäre die Aufgabe des Chefarztes von Frau Dr. Sörensen, ihr das klarzumachen und auch sie entsprechend zu fordern und zu fördern.

Leitsätze ergebnisorientierter Führung

Schaffen Sie in Ihrer Klinik, Ihrer Abteilung oder generell in Ihrem Verantwortungsbereich ein Denken, in dem Ergebnisse zählen. Befolgen Sie stets die Leitsätze der ergebnisorientierten Führung:

- Setzen Sie erreichbare, aber herausfordernde Ziele.
- Definieren Sie die zu erzielenden Ergebnisse klar und deutlich.
- Sorgen Sie dafür, dass sich Ihre Mitarbeiter mit dem Ziel identifizieren können.
- Wirkungsschwache Mitarbeiter wollen alle Aufgaben lieben, sonst fühlen sie sich gelähmt. Wirkungsvolle Mitarbeiter lieben die Ergebnisse und geben ihr Bestes. Dadurch wird manche Aufgabe angenehmer.
- Sie als Führungskraft sind nicht primär dafür verantwortlich, dass sich jeder wohlfühlt und zufrieden ist. Sie geben Raum, damit sich Menschen wohlfühlen und ihre eigene Zufriedenheit finden. Sie sind für das Gesamtergebnis und die dazugehörigen Teil-Ergebnisse verantwortlich.
- Entwickeln Sie Beharrlichkeit und Disziplin, um die Messbarkeit von Ergebnissen zu erzielen.
- Sagen Sie nie „Ich versuche es" und erlauben Sie das auch Ihren Mitarbeitern nicht. Entweder sie tun es, oder sie tun es nicht. Stellen Sie daher entwickelnde Fragen, um die Umsetzung zu unterstützen und Selbstvertrauen aufzubauen!
- Seien Sie bereit, zuzuhören und prompte, häufige und konkrete Rückmeldungen zu geben.

Kurz & knapp: Ergebnisorientierung

Ergebnisorientierung heißt primär, den Patienten bestmöglich zu versorgen, die Entwicklung der Mitarbeiter zu fördern und wirtschaftlich erfolgreich zu arbeiten. Es gilt, inhaltlich wie menschlich ergebnisorientiert zu wirken.

☐ Anstrengungen werden zwar erwartet, aber nicht honoriert. Sie als Arzt werden nur für Ihre Ergebnisse bezahlt.

☐ Es geht immer darum, welche Ergebnisse in einer bestimmten Zeit erreicht werden.

☐ Beachten Sie Folgendes:

- Erlauben Sie auch Fehler, um Versagensängste zu nehmen. Aber erlauben Sie den gleichen Fehler nur einmal!

- Dulden Sie kein einfaches „ich versuche es", hinterfragen Sie die dahinterstehenden Hindernisse.

- Honorieren Sie ausschließlich Ergebnisse, niemals Absichtserklärungen.

- Verlangen Sie ausgezeichnete Ergebnisse (niemals Mittelmaß).

- Denken Sie an Kontrolle.

☐ Wenn eine Aufgabe mit der erforderlichen Kompetenz übergeben wurde, dann gehen Sie davon aus, dass sie erfolgreich erledigt wird. Kommunizieren Sie dies auch so.

☐ Fördern Sie jene Menschen, die hervorragende Ergebnisse erzielen, und nicht jene, die sich nur bemüht haben.

☐ Durch präzise ergebnisorientierte Aufgabenbeschreibungen (EOA) entwickeln Ihre Mitarbeiter eine starke Ergebnisorientierung.

3. Prinzip:

Konzentration auf Stärken

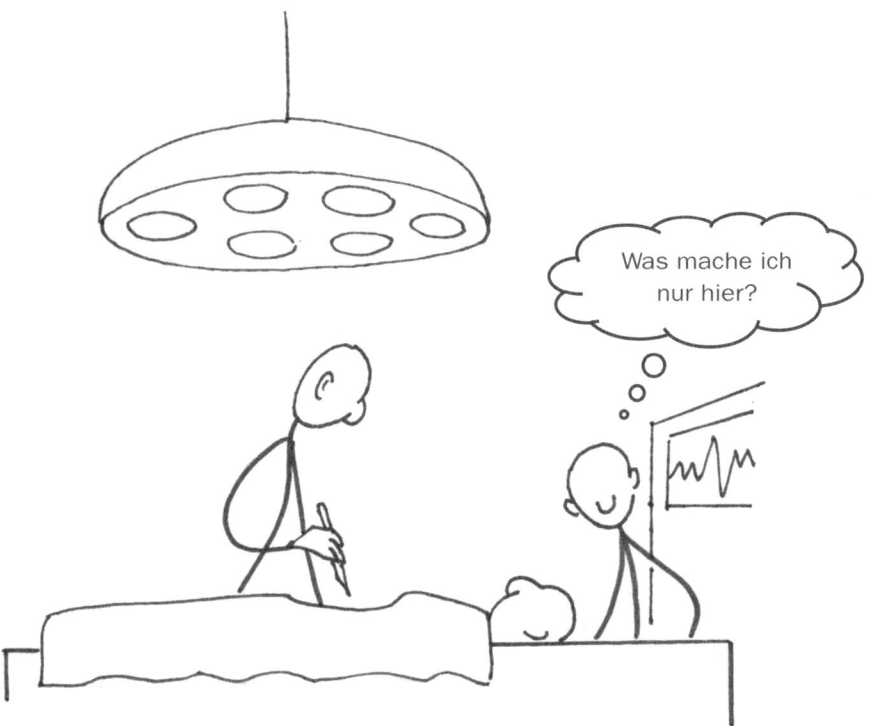

Dann habe ich wenigstens geregelte Arbeitszeiten!

„Das glaub ich einfach nicht, Dieter!", sagte Dr. Rolf Heinrichs zu seinem Kollegen Bergmann und schüttelte vehement den Kopf. „Aber wenn ich es dir doch sage, Rolf!", erwiderte Dr. Bergmann, einer der Chirurgen hier am Herzzentrum der Uni-Klinik. „Die Klarissa wird auf die andere Seite der Blut-Hirn-Schranke wechseln." „Wenn das unser Alter noch mitgekriegt hätte, Mensch, der hätte so einen dicken Hals gekriegt …", Dr. Heinrichs deutete mit einer Geste in Richtung seines Halses an, wie wütend sein Ex-Chef geworden wäre, und nahm dann den letzten Schluck aus seiner Tasse. Er und sein Kollege gönnten sich gerade eine kleine Pause. Beide waren fast den ganzen Tag im OP gewesen. „Du, ich muss mal rüber auf die Intensiv und nach dem Krüger sehen", entschuldigte er sich und stellte die Tasse ab. „Hat der sich denn jetzt stabilisiert?", fragte Dr. Bergmann und trank seinen Kaffee ebenfalls aus. „Ja, dem geht es nicht schlecht. Hat sich über Nacht gut entwickelt", antwortete Heinrichs. „Klarissa hatte Dienst und hat ihn toll betreut." „Na, dann war er ja wirklich in den besten Händen!" „Wenn das mit Klarissa stimmt, dann verlieren wir nicht nur die beste Frau auf der Intensiv, sondern eine Assistentin, die das Zeug hat, eine richtig gute Herzchirurgin zu werden", brummte Dr. Heinrichs und verließ bedrückt die Kaffeeküche. Bis zur Intensivstation dauerte es etwa fünf Minuten. Sie lag drüben im Bau 16, dem neuen Gebäude der Uni-Klinik. Der Weg führte unterirdisch durch die Katakomben des Krankenhauskomplexes. Die Gänge waren durch ein Warmton-Neonlicht freundlich beleuchtet. An den Wänden hingen Aquarelle von einem bekannten Künstler aus der Region. Es roch nach einer Mischung aus Desinfektionsmittel und Duft-Baum. Während Dr. Heinrichs den Gang entlangging, dachte er über die Neuigkeit nach. Und es passte ihm gar nicht, was er da gehört hatte.

„Ich weiß gar nicht, wie ich Ihnen danken soll, Frau Doktor!", sagte der Patient Krüger im gleichen Augenblick mit noch sehr schwacher Stimme zu seiner Ärztin. Heute hatte man ihm den Tubus entfernt. „Sie sollen mir nicht immer danken, Herr Krüger!", gab Frau Dr. Klarissa Herbst freundlich zurück und streichelte dem alten, aber sehr feinen Mann über seine rechte Hand. „Ich mache nur meine Arbeit! So, und jetzt versprechen Sie mir, dass Sie schnell wieder fit und gesund werden, okay?" Der alte Herr konnte nur mit Mühe ein Lächeln auf sein ziemlich erschöpftes Gesicht zaubern. Aber er tat es! Werner Krüger hatte sich vor zwei Tagen einer ziemlich komplizierten Doppel-Klappen-Operation unterziehen müssen, und auch in der postoperativen Phase hatte er sich schwergetan. Frau Dr. Herbst hatte mit Herrn

Krüger ihre erste Runde beendet und beschloss, einen Kaffee trinken zu gehen. Danach musste sie noch die Übergabe vorbereiten. „Ich bin mal für ein paar Minuten auf einen Kaffee, Julia!", rief sie ihrer blonden Kollegin zu. „Hast du dein DECT dabei?", fragte die zurück. „Klar!" Frau Dr. Herbst warf sich einen OP-Kittel über, da die Klimaanlage ständig nur Zug produzierte. Dann wusch sie sich noch die Hände und verließ die Intensivstation.

Dr. Heinrichs kam eiligen Schrittes von der einen Seite den L-förmigen Gang entlang, Frau Dr. Herbst von der anderen. Beide waren so in Gedanken, dass sie beinahe zusammengestoßen wären. „Mensch, Klarissa!", entfuhr es Dr. Heinrichs. Er war angenehm überrascht. „An dich hab ich grad gedacht, und jetzt läufst du mich fast über den Haufen." „Du lebst ja noch, Rolf!", begrüßte ihn Frau Dr. Herbst. „Hallo übrigens!" „Hallo Klarissa!", antwortete Dr. Heinrichs. „Du, ich würde dich gerne mal was fragen. Hast du ein paar Minuten Zeit?" „Klar, wenn du mit in die Küche kommst …" „Würde ich gerne, aber ich muss nach dem Krüger sehen. Der Mengwasser will den neuesten Stand wissen." „Na, auf diesen Stand kann ich dich bringen!", lachte Frau Dr. Herbst. „Ich hab den Krüger heute Vormittag extubiert, und wenn alles gut geht, kann er morgen hoch auf IMC." „Ja, dann …" Also gingen die beiden den Gang entlang, der zur Kaffeeküche führte, und Klarissa Herbst versorgte ihren Kollegen von der Herzchirurgie auf dem Weg mit allen nötigen Informationen über den Patienten. Danach konnte Dr. Heinrichs nicht mehr an sich halten und fragte rundheraus: „Du sag mal, stimmt das, was der Flurfunk so meldet? Du willst in die Anästhesie wechseln?" „Ja, das stimmt!", gab Frau Dr. Herbst zu. „Die haben mich mal gefragt, ob ich nicht zu ihnen kommen möchte." „Und du hast gleich zugesagt?" „Nein, nicht gleich!", erwiderte Klarissa Herbst zögerlich und blieb stehen. Sie schaute etwas betrübt zu Boden, und Dr. Heinrichs konnte unschwer sehen, dass es wohl auch für seine hübsche Kollegin etwas Angenehmeres gegeben hätte, als diese Entscheidung zu treffen. „Ich hab mir das lange überlegt, aber es ist für mich bestimmt das Beste. Nachdem ich sowieso die letzten zwei Jahre hier auf der Intensivstation verheizt wurde, kann ich auch gleich meinen Facharzt in der Anästhesie machen. Die Jahre werden ja für den Facharzt angerechnet." „Das verstehe ich nicht, Klarissa." Dr. Heinrichs schaute seiner Kollegin in die Augen. „Mensch, du wolltest doch immer Herzchirurgie machen." „Stimmt! Die Herzchirurgie ist nach wie vor meine Leidenschaft, Rolf." „Und warum wechselst du dann jetzt das Fach?" Dr. Heinrichs schüttelte den Kopf. „Das verstehe ich nicht. Die Kollegen übrigens auch nicht." „Glaub ich dir! Aber ich möchte gerne weiterkommen, Rolf. Und nicht irgendwo versauern." „Aber du bist doch gut, Klarissa!", entfuhr es Dr. Heinrichs. „Der Alte hat so große Stücke auf dich gehalten. Du warst doch lange seine Privatassistentin. Das hat der Alte nicht gemacht, weil du eine Frau bist, sondern weil du es draufhast." „Ja, aber erzähl das mal dem Neuen!", antwortete Frau Dr. Herbst mit einem sehr enttäuschten Gesichtsausdruck. „Du weißt doch, wie es gelaufen ist. Kaum war Chefwechsel und es gab ein Problem auf der Intensiv, dann hieß es: Komm, schick mal die Klarissa rüber. Die kann das und die macht das auch gut." „Ja, du bist aber auch gut!", lobte Dr. Heinrichs. „Du bist eine der besten Intensivfrauen, die ich kenne. Du machst das vor allem immer mit großer Sorgfalt." „Klar mach ich das mit Sorgfalt", erwiderte Klarissa. „Ich gebe mir da ja auch sehr große Mühe und es macht mir ja auch Spaß. Aber weißt du, Rolf, ich bin eigentlich hier, weil ich Herzchirurgin werden möchte, und nicht Intensivärztin."

Dr. Heinrichs sah seine Kollegin an. Aus ihrem Gesicht sprach eine Mischung aus Enttäuschung, Trotz und Verzweiflung. „… Naja, hier auf der Intensiv verbraten zu werden, das frustriert!", fuhr sie fort. „Das macht mich richtig rasend. Wie lange soll das denn so noch gehen? Der Neue lässt mich doch hier unten auf der Intensiv regelrecht versauern. Sei doch realistisch: Dass ich in nächster Zeit nochmals zum Operieren komme, ist ziemlich unwahrscheinlich! Ich gehöre halt zur alten Truppe, und die ist dem Neuen erst mal suspekt. Es passt ihm doch gut ins Konzept, wenn er mich hier auf der Intensiv aufs Abstellgleis schieben kann … Und außerdem, Anästhesie ist nicht das Schlechteste, dann habe ich wenigstens einigermaßen geregelte Arbeitszeiten."

* * *

Was ist sinnvoller, wenn man Menschen befähigen will, Spitzenergebnisse zu erreichen: Ihnen dabei helfen, dass sie ihre Schwächen ausmerzen oder dass sie ihre Stärken nutzen? Kennen Sie Ihre Stärken und Schwächen? Und sind es wirklich Ihre Stärken und Schwächen?

Nur wer seine Stärken fördert und sich weiterentwickelt, wird außergewöhnliche Erfolge erzielen. Das gilt in der Kunstszene, im Sport, in der Wirtschaft – und auch im medizinischen Bereich. Wenn Schwächen in den Vordergrund gestellt und diese zu kompensieren versucht werden, macht das die Schwächen nur etwas weniger schwach. Es ist der direkte Weg in die Mittelmäßigkeit, hin zum Feind des Außergewöhnlichen.

Kommen Sie Ihren Stärken auf die Spur

Was können Sie wirklich gut, was geht Ihnen leicht von der Hand? Was haben Sie schon immer gern und gut gemacht und haben es dadurch zu Ihrer Stärke entwickelt? Manchmal ist es gar nicht so leicht, seine eigenen Stärken zu entdecken.

- Oft werden wir von unserer Umwelt nicht nach unseren Stärken und Neigungen geprägt, sondern nach denen derjenigen, die uns erziehen und uns in Rollen stecken. So gilt es, unsere eigenen Stärken erst „freizulegen".
- Unsere eigenen Schwächen und die der anderen fallen uns meist schneller und eher auf als Stärken. Anders ausgedrückt, sind uns schwer oder mühsam zu bewältigende Tätigkeiten viel bewusster als solche, die uns leicht von der Hand gehen und die wir deshalb nicht beachten: unsere Stärken.
- Teilweise entwickeln wir aufgrund eines Minderwertigkeitsgefühls absichtlich in einem Bereich eine Stärke, um diesem Gefühl entgegenzuwirken. Diese Stärke entspricht aber nur selten den angeborenen Begabungen.
- Wenn wir uns gezielt mit unseren Stärken auseinandersetzen, werden wir angreifbarer, weil dadurch auch unsere Schwächen hervortreten. Oft entsteht dadurch Angst, und wir konzentrieren uns in erster Linie darauf, unsere Schwächen auszugleichen, um uns vor Gefühlsverletzungen zu schützen. Die Stärken bleiben auf der Strecke.

Entdecken Sie die Stärken Ihrer Mitarbeiter

Im medizinischen Umfeld lohnt es sich sehr, die Stärken der jungen Ärzte zu erkennen und gezielt auszubauen. Nur so fördern Sie Ihre Mitarbeiter wirklich. Dort, wo sie ihre Stärken haben, können Sie große Leistungen von ihnen verlangen und erwarten.

Ihre Aufgabe als leitender Arzt ist es, die wirklichen Stärken des Ihnen anvertrauten Nachwuchses zu erkennen und dann weiterzuentwickeln. Das erreichen Sie am besten, indem Sie Ihre Mitarbeiter beobachten und analysieren. Stärken und Vorlieben sind nicht dasselbe! Es gibt Menschen, die tun Dinge gern (Vorlieben), obwohl sie dabei nur durchschnittliche oder unterdurchschnittliche Ergebnisse erzielen, weil ihre Stärken nicht dort liegen.

Beachten Sie: Es gibt Dinge, die tut man nicht unbedingt gerne, aber man kann sie gut. Gehen Sie immer vom Ziel aus und fragen Sie sich: Welche Stärken braucht ein Mitarbeiter, um eine Aufgabe zu erfüllen? In der Geschichte haben Sie erfahren, dass der frühere Chefarzt die Stärke der jungen Klarissa Herbst in der Herzchirurgie erkannt und gefördert hat. Versuchen Sie nicht, Menschen zu verbiegen. Finden Sie lieber die richtigen Leute für das, was Sie brauchen. Hüten Sie sich vor dem Fehler, den der neue Chef von Klarissa Herbst in der Geschichte gemacht hat: Halten Sie gute Leistungen nicht für selbstverständlich und übersehen Sie diese nicht! Genauso wenig dürfen Sie auf Schwächen herumreiten. Handelt es sich bei den Schwächen Ihrer Mitarbeiter um mangelndes Wissen, fehlende Fertigkeiten, mangelndes Verständnis oder um eine schlechte Gewohnheit? Je nachdem kann eine scheinbare Schwäche durch den richtigen Einsatz einer entsprechenden Aufgabe sogar zu einer Stärke werden.

Umsetzung im Alltag

Sind solche „Zustände" wie in unserer Geschichte nicht leider im Klinikalltag ab und zu an der Tagesordnung? Vielleicht aus Bequemlichkeit, vielleicht, weil es doch „menschlich" ist, immer den Weg des geringsten Widerstands zu gehen? Ärzte schlagen sich in der Regel stets selber durch – ohne dass sie gezielt gefördert werden. Wird bei einem Arzt eine Begabung (d.h. eine besonders gute Voraussetzung auf einem bestimmten Gebiet) erkannt und zu einer Stärke entwickelt, dann ist das meist reiner Zufall. Das, was einem jungen Arzt Sinn gibt und wichtig ist, wird nicht gefördert, sondern einer zufälligen Entwicklung überlassen. Das Fatale an dieser Misere: Manche Führungskräfte, also leitende Ärzte, tolerieren dies auch noch bewusst.

Fördern Sie Ihre Mitarbeiter, verheizen Sie sie nicht!

Eine sehr talentierte Ärztin, wie Klarissa Herbst aus der Geschichte, kann ein Rohdiamant für die Herzchirurgie sein. Aufgabe ihres Chefarztes wäre es, dies zu erkennen, das Talent zu fördern und zu einer Stärke zu entwickeln. Doch das geht leider meist im klinischen Alltag unter und fällt der Routine und der oftmals unvermeidlichen Notwendigkeit zum Opfer. Sieht man dann doch einmal genauer hin, wie bei Klarissa Herbst, dann erkennt man sehr schnell, was für ein Missstand eigentlich herrscht. Und vor allem, wie kontraproduktiv die Situation für die Entwicklung der Mitarbeiterin und letzten Endes auch für die Klinik ist. So werden Talente mehr oder weniger „verheizt".

Also: Fördern Sie junge Ärzte, indem Sie deren Talente entdecken und ihnen helfen, daraus Stärken zu entwickeln und auszubauen. Verheizen Sie diese Talente nicht, indem Sie ihnen Aufgaben übertragen, die ihnen nicht liegen oder die zu einer Einbahnstraße werden. Auch wenn sie darin ganz gut sein mögen, so wie Klarissa Herbst als Intensivärztin: Als Chirurgin hätte sie vielleicht das Zeug zu einer Spitzenkraft!

So stärken Sie Ihre Mitarbeiter

Konzentrieren Sie sich auf die Stärken Ihrer Mitarbeiter und helfen Sie, diese auszubauen. So gelingt es Ihnen:

- Achten Sie auf die Stärken Ihrer Mitarbeiter und fördern Sie diese zielgerichtet. Zum Beispiel dann, wenn sich ein junger Mediziner in seiner Fachrichtung orientiert.
- Erkunden Sie systematisch die Stärken Ihrer Mitarbeiter. Stellen Sie ihnen dafür direkt Fragen, befragen Sie aber auch deren Kollegen. Beobachten Sie Ihre Mitarbeiter und kontrollieren Sie sie. Fällen Sie auf der effektiv erbrachten Leistung Ihrer Mitarbeiter ein Urteil, damit Sie Ihre Arbeiten entsprechend den erforderlichen Stärken an Ihre Mitarbeiter verteilen können.
- Stärken Sie die Stärken Ihrer Mitarbeiter, indem Sie sie gezielt einsetzen, immer wieder Rückmeldung geben und von ihren Vorbildern (z.B. von Ihnen) lernen lassen.
- Beschränken Sie einen Mitarbeiter nicht auf eine einzige Stärke. Fördern Sie die Stärkenvielfalt nachhaltig.
- Stärken Sie auch Ihre Stärken laufend! Ebenso die Ihrer Mitarbeiter und Ihrer Klinik. Geben Sie Ihren Schwächen kein zu großes Gewicht, sondern holen Sie sich Mitarbeiter in Ihr Team, die Ihre Schwäche als Stärke haben.
- Beim Auftreten von Schwächen überlegen Sie sich immer, ob es sich um mangelndes Wissen, fehlende Fertigkeiten, mangelndes Verständnis oder um schlechte Gewohnheiten handelt.

Kurz & knapp: Konzentration auf Stärken

Eine erfolgreiche Klinik baut die Stärken ihrer Mitarbeiter sukzessive aus, um nachhaltig eine höhere Effizienz zu erzielen. Dabei gilt es zu beachten, dass Schwächen nicht im Weg stehen, um Stärken optimal zu entfalten.

☐ Schwächen abbauen macht nicht besser, sondern nur weniger schwach.

☐ Wo Mitarbeiter große Stärken haben, können Sie große Leistungen einfordern.

☐ Entdecken Sie die wirklichen Talente Ihrer Mitarbeiter und helfen Sie, deren Talente zu Stärken zu entwickeln.

☐ Verwechseln Sie Stärken nicht mit dem, was ein Mitarbeiter gerne tut und was Ihnen gerade gut in den Kram passt. Betrachten Sie den ganzen Mitarbeiter und bringen Sie seine Ziele mit den Ihren in Einklang.

☐ Stärken gehen immer einher mit Schwächen. Erwägen Sie, sie in Kauf zu nehmen.

☐ Fördern Sie Stärken immer und überall. Ignorieren Sie Schwächen, die für die verlangte Aufgabe unwichtig sind, falls irgend möglich.

☐ Erkennen Sie auch Schwächen und entscheiden Sie, durch welche Lösungen sie kompensiert werden können.

☐ Wenn Sie „große" Stärken besitzen, besitzen Sie auch „große" Schwächen. Dann brauchen Sie ein Team, das Ihre Schwächen ausgleicht.

4. Prinzip:

Positives Betriebsklima

Täglich grüßt das Murmeltier

Eigentlich hatte ich überhaupt keinen Bock auf diese Betriebs-Grillfete gehabt. Ehrlich gesagt habe ich nie Bock darauf. Es ist doch jedes Jahr immer wieder dasselbe, und langsam erinnert es mich an den Kinofilm „Und täglich grüßt das Murmeltier". Aber zu diesem jährlichen Sommerfest der Belegschaft unserer Klinik, unter diesem Namen läuft diese lästige Pflichtveranstaltung, muss man halt hingehen. Alle gehen hin, und wenn die immer gut gelaunte Elsa, die Oberschwester der Station 3, recht hat, dann gibt es sogar noch ein paar wenige, die sich darauf freuen. Ich gehöre allerdings nicht dazu. Wie in jedem Jahr hatten sie wieder die gleiche Grillhütte gemietet. Die liegt draußen, ein paar Meter vor der Stadt, wo gleich das große Waldgebiet beginnt. Ziemlich schöne Gegend ist das: Ein ausgedehntes Naherholungsgebiet mit viel Wald und entsprechenden Wander- und Spazierwegen. Ich war an dem Tag bewusst noch länger in der Klinik geblieben und hatte mir auch eine Ausrede dafür einfallen lassen: Zwei Tage vorher hatte ich eine OP gehabt, an Herrn Carstens. Es war zwar alles perfekt gelaufen, aber der alte feine Herr mit dem schütteren weißen Haar brauchte viel persönliche Betreuung. Ich konnte gut mit ihm, und das beruhte wohl auf Gegenseitigkeit. Jedenfalls fragte er ständig nach mir, und so richtete ich es am Tag des „großen Ereignisses" so ein, dass ich bei Herrn Carstens etwas mehr Zeit verbringen konnte. Ich bin ja nicht der Einzige hier, der sich Ausreden einfallen lässt, um möglichst am Tag der Betriebsfeier entweder keine Zeit zu haben oder mindestens später kommen zu können.

Als ich dann doch zum Grillplatz kam, war das kleine Wäldchen schon in ein angenehmes Abendlicht getaucht. Am Grill stand kein Geringerer als unser Chefarzt, Prof. Winfried Heimerl. Die Bierbänke waren rund um die Grillhütte auf der Wiese aufgestellt. Ich schaute mich kurz um. Wie jedes Jahr hatten sich die üblichen Grüppchen gebildet. Grüppchen derer, die auf derselben Wellenlänge waren. Die Schwestern und das Pflegepersonal an den einen Tischen, meine Kolleginnen und Kollegen an anderen. Die Oberärzte hatten sich auch gesucht und gefunden und belagerten ihrerseits ein paar weitere Bierbänke. Nichts Neues eben! Wie im Vorjahr auch. Ich grüßte alle flüchtig im Vorbeigehen und ging Richtung Grill. „Guten Abend, Herr Professor! Das riecht ja wunderbar!", grüßte ich, und das war auch gar nicht mal gelogen. Grillen konnte er nämlich, unser Prof. Heimerl. Außerdem hatte ich seit dem späten Vormittag nichts mehr gegessen, und da lachten mich diese duftenden Steaks ganz besonders an. „Je später der Abend …" Mein Chef drehte sich zu mir um. „… desto angenehmer die Gäste. Guten Abend, Mayer! Das ist ja perfektes Timing. Die ersten Steaks sind gleich fertig." „Tut mir leid, dass ich so spät dran bin. Aber ich musste noch mal nach Herrn Carstens sehen!" „Ah ja, die Bauchspeicheldrüse!", meinte mein Chef, während er die Steaks wendete. „Wie geht es ihm?" „Er macht gute Fortschritte!", erwiderte ich wahrheitsgemäß. „Alles im grünen Bereich!" „Na, dann ist ja alles bestens!", gab Prof. Heimerl zurück, nahm eines der Steaks hoch und betrachtete es. „Ich glaube, das hier ist fertig, Mayer! Wenn Sie schlau sind, dann holen Sie sich gleich einen Teller." Das Steak sah wirklich gut aus, und so ging ich rüber zu dem Tisch, wo die Teller und das Besteck bereitstanden. „So privat ist unser Chef ja wirklich ein ganz patenter Kerl", dachte ich und ließ mir von ihm das saftige Stück Fleisch auf den Teller legen. Dann schaute ich mich nach einer Sitzgelegenheit um.

„Na, hast du heute einen Stehplatz?", fragte mich eine Stimme von hinten. Ich drehte mich um. Es war mein Kollege Dieter Hochschild. „Sieht so aus, Dieter!" „Neben mir ist noch Platz. Da!" Dieter Hochschild zeigte auf eine Bierbank, die am Rand stand. „Ich hol mir mal schnell Fleischiges. Dann komme ich auch!" Es dauerte nicht lange, und mein Kollege kam ebenfalls mit einem saftigen Steak zum Tisch. „Ich wünsch dir einen guten Appetit, Frank!" „Danke, den hab ich bestimmt, ich dir auch!", lachte ich und machte mich über mein Steak her. Das schmeckte genauso gut, wie es aussah. „Schau mal da drüben!", nuschelte Dieter mit vollem Mund und zeigte zu einem der Tische, die etwa fünf Meter von unserem entfernt waren. „Der Rühl schon wieder, dieser Schleimer! Sitzt beim Kindermann und ist schon wieder zur Hälfte in seinen Arsch verschwunden." „Die unterhalten sich bestimmt nur über die letzte OP von Rühl", vermutete ich. Kaum hatte ich zu Ende gesprochen, kam von meinem Kollegen auch schon eine sintflutartige Beschimpfungswelle. „Von wegen, sich über die OP unterhalten, ha. Der Bubi aus gutem Haus schleimt rum bis zum Gehtnichtmehr." Dieter hatte kein einziges gutes Wort für unseren Kollegen übrig. Als widerlichen Kriecher bezeichnete er ihn und sparte nicht einmal mit Obszönitäten. „Der kotzt mich an, dieser Streber! Wenn ich doch nur mal eine Gelegenheit hätte, dem ans Bein zu pinkeln!" „Ich weiß gar nicht, was du hast, Dieter", sagte ich gedehnt. Zugegeben, es gab sicher leichtere Dinge, als mit Dr. Rühl umzugehen. Aber meiner Meinung nach war er nur etwas schüchtern. „Er macht seine Sache doch recht gut. Er operiert deshalb ja auch ziemlich oft." „Pah! Ich weiß, dass der oft operiert! Doch das liegt nicht an seinem Können, sondern am Stammbaum!", schimpfte Dieter und spielte darauf an, dass Norbert Rühl aus einer Arztfamilie stammte. Sein Großvater war sogar vor vielen Jahren an unserer Klinik einmal Chefarzt gewesen. „Tja, wenn du in dieser Klinik weiterkommen willst, dann ist es von Vorteil, wenn du von Beruf Enkel bis. Dann hält auch unser Kindermann gleich seine schützende Hand über dich, wenn du was verbockst. Und der Kindermann, ich sag dir, der will nur so schnell wie möglich selber Chef werden. Deswegen schleimt der auch bei der Direktion so rum. Ich sag dir, …" Dieter geriet derart in Rage, dass ich beschloss, mit einer Ausrede den Sitzplatz zu wechseln. „Öh, Dieter, ich hol mir mal schnell Nachschub!", sagte ich deshalb, stand schnell auf und ging Richtung Grill. Ich habe an sich nichts gegen meinen Kollegen Dieter Hochschild. Aber dieses permanente Geschimpfe geht und ging mir auch an jenem Tag gehörig auf die Nerven. Der zieht über alles und jeden her. Vor allem aber über diejenigen, die einen besseren Job machen als er. Rühl mag ja ein bisschen schüchtern und vielleicht nicht unbedingt das größte Kommunikationstalent sein. Aber deswegen ist er trotzdem ein guter Arzt.

Ich hatte mir mittlerweile noch ein Steak geholt, und als ich mich etwas hilfesuchend umsah, traf mein Blick auf Oberschwester Ulrike von der Station THG02. Sie sah mich auch, winkte mir zu und bedeutete, dass ich rüberkommen sollte. Erleichtert ging ich zu ihrem Tisch, an dem die Schwestern und auch ein paar Pfleger und PJler saßen. „Setzen Sie sich zu uns!", bot mir die Oberschwester an. „So, jetzt seid mal ruhig und macht Platz für unseren besten Dr. Frank!", befahl Ulrike spaßhaft der Runde, und im selben Moment hörte das für einen mehrheitlich von Damen belagerten Tisch ganz normale Geschnatter urplötzlich auf. Die Schwestern wandten sich mir zu. „Kommen Sie, neben mir ist noch ein Platz frei, Herr Dr. Frank!", rief die dunkelhaarige Petra, die ich erst gar nicht erkannt hatte. In der Klinik trug sie ihre langen Haare stets zu einem Pferdeschwanz zusammengebunden. Die anderen Mädels und schon etwas älteren Schwestern lachten. „Dr. Frank, dem die Frauen vertrauen", nannten mich die Schwestern ein wenig provokativ in Anspielung auf die gleichnamige Arztserie im Fernsehen. Ich setzte mich neben Petra, und kaum hatte ich Platz genommen, ging das Geschnatter weiter. Bei den Schwestern und Pflegern fühlte ich mich immer wohl und verstand mich gut mit ihnen. „Wundert mich gar nicht, dass Sie es bei dem Hochschild nicht ausgehalten haben!", meinte Ulrike mit hochgezogenen Brauen. „Dieses Ekelpaket!" Sie war offensichtlich nicht gut auf meinen Kollegen zu sprechen. „Was haben Sie denn gegen Dieter Hochschild, Ulrike?", fragte ich dann auch neugierig. „Der ist schuld, dass der Max letzte Woche einen Verweis vom Chef bekommen hat!", empörte sich Ulrike. Sie schien nur darauf gewartet zu haben, dass ich sie das fragte. Denn dann kam auch schon eine Schimpfkanonade, die sich gewaschen hatte. Laut Ulrike hatte mein Kollege Hochschild einen Pfleger angeschwärzt und ihm etwas unterstellt, was er zusammen mit Dr. Norbert Rühl verbockt hatte. Die beiden wollten angeblich ihren Fehler vertuschen, indem sie es dem Pfleger Max in die Schuhe schoben. „Nanu, ich dachte, Hochschild mag den Rühl nicht", hakte ich nach. „So wie der über ihn herzieht." „Glauben Sie ihm kein Wort, Dr. Frank! Der Hochschild ist ein falscher Fuffziger!", schimpfte Ulrike weiter. „Der versucht auch Sie immer wieder beim Oberarzt und beim Chef anzuschwärzen!" Dann erzählten mir die Schwestern, was hinter meinem Rücken so alles am Laufen war. Einiges überraschte mich, anderes wiederum nicht. So ist es halt bei uns in der Klinik. Keiner lässt am anderen ein gutes Haar, wenn dieser gerade nicht anwesend ist. Und so stimmte auch ich in das Lied des Herziehens über andere mit ein. „Wissen Sie eigentlich schon das Neueste, Dr. Frank?", fragte mich Schwester Gisela. „Nein! Aber ich bin sicher, dass Sie mir es gleich erzählen!", grinste ich und ahnte schon, was da kommen würde. Immer wenn Gisela so ein schelmisches Lächeln draufhatte, ging es wieder um irgendeine Beziehungskiste. „Auf der Station THG01, der Doktor Riedel, der hat was mit der neuen Schwester angefangen. Mit der Leyla Önze... Dingsbums. Ich weiß nicht genau, wie sich ihr Name ausspricht", erzählte Gisela dann auch bereitwillig und war anscheinend stolz, weil sie die News verbreiten konnte. Nachdem ich mir die vielen Bosheiten eine weitere halbe Stunde lang angehört hatte, beschloss ich, erneut weiterzuziehen. Ich schaute auf die Uhr. Es war gerade einmal kurz vor acht. Nach Hause gehen konnte ich noch nicht, denn dann hätte ich ihnen Munition geliefert, um auch über mich herzuziehen. Also ließ ich mir wieder eine Ausrede einfallen und verließ die Runde.

Nach ein bisschen Small Talk mit dem einen oder anderen Kollegen, die ich rund um die Grillhütte verteilt getroffen hatte, kam ich am Oberarzttisch vorbei. „Na, wohin des Wegs, Herr Mayer?", sprach mich jemand an und ich drehte mich überrascht um. Dr. Daniel Wolfermann, einer der Oberärzte unserer Klinik und ein Mitglied des Teams meiner Abteilung, wies auf seinen Tisch. „Setzen Sie sich zu uns!" Da konnte ich dummerweise nicht Nein sagen und ließ mich neben dem Oberarzt Dr. Thienel nieder. Thienel und ich, wir verstanden uns ganz gut. Er war ebenso Hobby-Läufer wie ich. An diesem Abend hatten wir allerdings keine Gelegenheit, uns privat zu unterhalten, denn es ging um dasselbe Thema wie jedes Jahr. „... es ist doch nur die Verwaltung, die uns immer den Druck macht!", referierte Dr. Findeis gerade. Er gilt als die rechte Hand vom Chef und macht immer einen auf ‚Ich hab voll den Durchblick'. An diesem Abend berichtete er von der letzten Sitzung bei der Klinikverwaltung. Der kaufmännische Direktor hatte Prof. Heimerl vorgeworfen, er spüle zu wenig Geld in die Kassen. An unserer Klinik würde angeblich viel zu wenig operiert, und das müsse sich ändern. „Ja, das habe ich auch schon gehört", pflichtete ihm Dr. Palluch bei. „Dieser Wagner ist so ein Großkotz!", fuhr Findeis fort. „Angeblich sind wir zu gut, und die Patienten werden deshalb zu früh entlassen. Also ich pack diesen überheblichen Sesselfurzer überhaupt nicht. Ich verstehe gar nicht, dass sich unser Chef das alles gefallen lässt. Wenn ich Chefarzt wäre …, also, das sag ich Ihnen, meine Herren, ich würde diesen Ignoranten in der Verwaltung schon mal die Meinung sagen. Aber unser Prof. Heimerl ist da zu weich. Er hat nicht den Mumm, auf den Tisch zu hauen." Eine knappe viertel Stunde hörte ich mir diese leidigen Diskussionen der Oberärzte an. Dasselbe Lästern wie bei den Pflegern drüben. Nur auf einem etwas höheren Niveau. Und wieder stellte ich fest: Täglich grüßt das Murmeltier. Immer und immer wieder dasselbe. Ich beschloss, noch ein bisschen herumzugehen, und entschuldigte mich mit einem zu vollen Magen, der dringend Bewegung bräuchte.

„Darf ich einmal kurz um Ihre Aufmerksamkeit bitten!", schallte in diesem Moment die Stimme unseres Chefs über den Platz. Ich drehte mich um und sah unseren Chefarzt in der Mitte der Tische stehen. Ich ahnte schon, was jetzt kam: die jährliche Ansprache. Bingo! „Fünfzig Operationen hatten wir im letzten Jahr mehr", erzählte unser Chef stolz. Und dann kam wie jedes Jahr das Eingemachte, für das sich eh keiner so richtig interessierte: Fallzahlen, Vergleich mit anderen Kliniken und so weiter. Das kannten wir ja alles. Zum Schluss bedankte sich unser Chef bei allen, die ihren Teil dazu beigetragen hätten. Also auch bei meinen Kollegen und mir. Ich schüttelte nur den Kopf. „Dieses Blabla hören wir doch die ganze Zeit", dachte ich. „Und einmal im Jahr gibt es ein großes obligatorisches Lob, mit dem uns der Chef darauf einschwören will, in die Hände zu spucken und Gas zu geben. Das Murmeltier grüßt mal wieder." Unser Professor beendete seine fünfzehnminütige Rede mit den Worten: „Und fürs nächste Jahr haben wir uns vorgenommen, unsere Leistung um zehn Prozent zu steigern!" Die Meute applaudierte verhalten. Jeder wusste, dass das nur Theorie war. Wie sollte das denn gehen? Neue Stellen bekommen wir nicht. Das hat die Verwaltung klar und deutlich gesagt. Also das gleiche Prozedere wie immer: Die nächsten drei Monate würde gedrückt werden, und danach würde es wieder etwas lockerer weitergehen. Dann würde wieder Gas gegeben, bis ein paar keine Lust mehr hätten und gingen. Wie immer eben! Und letztendlich würden wir mit weniger Leuten auskommen müssen und dieselbe oder noch mehr Arbeit leisten. Bis die nächsten Neuen kämen, eine Zeit lang durchhielten und irgendwann auch wieder gingen. Murmeltier.

*Als ich mich kurz nach zehn auf den Heimweg machte, beneidete ich plötz-
lich meine Frau. Sie arbeitet als Botanikerin und pflegt immer zu sagen:
„Die Menschen sind halt mal so! Dadurch unterscheiden sie sich von den
Pflanzen. Wenn du nämlich zu einer Blume nett und freundlich bist und ihr
ein positives Umfeld verschaffst, wird sie es dir danken. Sie wird prächtig
gedeihen und herrlich erblühen. Und die Freude an ihrer Blüte wird auch
dein Gemüt erfreuen." Hätte ich vielleicht auch Botaniker werden sollen
anstatt Arzt?*

* * *

Die Prinzipien der Führung erklären Ihnen, wie Sie als wirkungsvolle
Führungskraft Ihre täglichen Aufgaben verrichten sollten. Die gelungene
Umsetzung dieser Prinzipien trägt letztendlich aber auch dazu bei, dass
eine gute Stimmung in Ihrem Verantwortungsbereich herrscht. Wenn Dr.
Mayer seine Frau, die Botanikerin, zitiert, dann trifft er damit den Nagel
auf den Kopf. Blumen wachsen und gedeihen besser, wenn man freundlich
zu ihnen ist. Respektive wachsen sie langsamer bis gar nicht, wenn man
sie anschreit und einem negativen Umfeld aussetzt. Für Tiere gilt das glei-
chermaßen. Das weiß man schon lange. Und für Menschen? Bei denen ist es
doch genauso, oder nicht? Halten sich Menschen in einem angenehmen und
positiven Umfeld auf, dann geht es ihnen besser. Sie sind motiviert, engagiert und haben Freude an ihrer Arbeit. Und das wiederum macht sie effizienter, produktiver und erfolgreicher, sie bringen mehr Leistung.

Ein gutes Betriebsklima ist die Basis für erfolgreiche Arbeit

Der Arzt ist mit Sicherheit nicht der einzige berufstätige Mensch, der sich
über ein schlechtes oder negatives Betriebsklima beklagen kann. Es gibt
wohl kaum eine Branche, in der es keine unzufriedenen Erwerbstätigen gibt.
Jede gute Führungskraft weiß jedoch: Mitarbeiter benötigen ein „gesundes"
und angenehmes Umfeld, ein positives Betriebsklima, damit sie ebenso gute
Ergebnisse in ihrer Arbeit erzielen. Das ist im medizinischen Bereich noch
viel wichtiger als in anderen Branchen. Warum? Weil Ärzte naturgemäß
einem höheren Stresspotenzial ausgeliefert sind als andere Berufe. Ärzte
sind den ganzen Tag von kranken Menschen umgeben und tragen für diese
eine ganz besondere Verantwortung. Der Tagesablauf ist durch viele kleine
Unvorhersehbarkeiten (Notfall, Neuaufnahmen usw.) schwer planbar. Mit
diesem erhöhten Stresspotenzial fertig zu werden ist eine der Aufgaben,
die jeder Mediziner primär zu erledigen hat. Als Führungskraft ist es Ihre

Pflicht, dafür zu sorgen, dass Ihre Mitarbeiter in den Kliniken dafür eine möglichst gute Ausgangssituation, ein positives Betriebsklima vorfinden. Und das ist sicher einfacher gesagt als getan. Das gilt für das medizinische Umfeld ganz besonders. Vieles ist hier schon als ‚gut' zu bezeichnen, wenn es nicht schlechter geworden ist.

Regeln für ein positives Betriebsklima

Sie sollten als leitender Arzt die Fähigkeit erlernen, aus den positiven Nachrichten ausreichend Kraft zu schöpfen und diese in Form von positiver Energie an Ihre Mitarbeiter weiterzugeben. Das klingt vielleicht ein bisschen theoretisch, ist aber dennoch einfach umzusetzen. Überlassen Sie das nicht dem Zufall! Arbeiten Sie aktiv daran, für sich und Ihr Team ein positives Betriebsklima zu schaffen. Das funktioniert genauso wie bei einem Bäcker, der ein leckeres Brot zubereitet. Es kommt auf die Zutaten an! Auch bei der Schaffung eines positiven Betriebsklimas gibt es ein paar Zutaten in Form von Regeln, die je nach Branche und Situation verwendet und kombiniert werden sollten. Einige davon haben Sie schon in den „Prinzipien" und in den „Hilfsmitteln der Führung" kennengelernt. Sie dienen der Orientierung und sollten nicht als starre Vorgabe angesehen werden:

— Ermutigen Sie Ihre Mitarbeiter, wann immer Sie können. Loben Sie deren Erfolge aber differenziert, denn dadurch wird Ihr Lob wertvoller.
— Geben Sie Ihren Mitarbeitern immer die Möglichkeit, ihr Gesicht zu wahren. Stellen Sie niemanden vor anderen bloß. Machen Sie jungen Ärzten Mut, in dem Sie ihnen die Chance geben, durch tolerierbare Fehler zu lernen.
— Reden Sie andere nicht schlecht! Schon gar nicht, wenn diese nicht anwesend sind. Das wirkt auf Ihr Gegenüber negativ: Wer über andere lästert oder über sie herzieht, der spricht auch über das Gegenüber negativ, wenn es nicht dabei ist. Äußern Sie sich nur positiv über andere, oder sagen Sie gar nichts. Dies gilt auch für Abteilungen als solche untereinander.
— Beobachten Sie Ihre Mitarbeiter aufmerksam. So registrieren Sie, wenn sie etwas gut machen.
— Appellieren Sie immer an das Gute im Menschen. Auch dann, wenn es Ihnen schwerfällt. Jeder hat etwas an sich, das man loben kann. Glauben Sie an Ihre Mitarbeiter. Selbst dann, wenn diese selbst nicht an sich glauben. Ihre positive Einstellung kann Ihre Mitarbeiter formen.

- Kritisieren Sie Ihre Mitarbeiter stets qualitativ hochwertig. Trennen Sie strikt Sachliches von der Person. Zeigen Sie Ihren Mitarbeitern, dass Sie sie mögen und ihnen helfen wollen. Kritisieren Sie immer persönlich, nicht schriftlich!
- Zeigen Sie menschliche Größe und geben Sie auch eigene Schwächen zu. Wenn es die Situation erfordert, machen Sie sich ruhig auch mal kleiner und lassen Sie anderen einen Vorsprung. So sind Sie stimmig und geben den anderen die Möglichkeit, sich selbst groß zu fühlen.
- Entschuldigen Sie sich, wenn Sie einen Fehler gemacht haben. Wenn Sie eine Rüge erwarten, kommen Sie anderen zuvor und räumen Sie Ihre Fehler ein.
- Schlagen Sie vor, anstatt zu befehlen! Das fördert die Zusammenarbeit, ohne Widerstand zu provozieren.
- Reagieren Sie verständnisvoll, wenn andere verärgert sind. In der Verärgerung drückt sich manchmal das Bedürfnis nach Aufmerksamkeit aus.
- Stellen Sie entwickelnde Fragen! Sprechen Sie selber so wenig wie möglich und hören Sie aufmerksam zu. Geben Sie Ihrem Gegenüber die Chance zu erzählen.
- Lassen Sie andere ruhig glauben, dass eine gute Idee von ihnen stammt. Einer Idee ist es egal, woher sie kommt, und jeder setzt lieber die eigenen Ideen um als die von anderen.
- Unterbrechen Sie andere beim sprechen nicht. Auch dann nicht, wenn Sie denken, Ihr Gegenüber sei im Unrecht. Niemand wird Ihnen zuhören, solange er etwas auf dem Herzen hat.
- Versuchen Sie die Dinge aus der Sicht des anderen zu sehen und fragen Sie sich: „Was ist der Grund für sein Handeln?" Versuchen Sie, andere zu verstehen. Das heißt nicht, dass Sie mit allem einverstanden sein müssen.
- Vermeiden Sie Rechthaberei. Seien Sie klüger, aber sagen Sie es dem anderen nicht. Geben Sie ruhig zu, dass Sie sich vielleicht irren könnten. Vermeiden Sie die Killer: *Recht haben wollen, andere ins Unrecht setzen, gut dastehen wollen, andere schlecht darstellen.* Fragen Sie sich stattdessen: Was ist jetzt hilfreich?
- Bleiben Sie stets beherrscht! Kommt von Ihrem Gegenüber Widerstand, dann hören Sie aufrichtig zu. Suchen Sie nach Übereinstimmungen. Seien Sie sich selbst gegenüber kritisch. Versprechen Sie Ihrem Gesprächspartner, über seine Aussagen nachzudenken, und danken Sie für die Anregung.
- Zeigen Sie Interesse an anderen! Ihr Motto: „Interessiere dich für andere, anstatt selbst interessant zu sein." Zeigen Sie, dass Sie sich Gedanken darüber machen, wie Sie Ihren Mitarbeitern helfen können.

- Lächeln Sie! So schaffen Sie sich und Ihrem Umfeld eine positive Stimmung. Außerdem: Wer lächelt statt zu toben, ist immer der Stärkere.
- Sprechen Sie Ihr Gegenüber immer mit seinem Namen an. Das zeugt von Respekt. Jeder hört seinen Namen gern. Respektvoller klingt ‚Herr Mayer' statt einfach nur ‚Mayer'.
- Lernen Sie immer wieder, die Dinge vom Standpunkt des anderen aus zu sehen. Fragen Sie sich: Was braucht er wirklich? Wie kann ich ihm das geben, was er braucht?
- Sorgen Sie dafür, dass der andere nach jedem Gespräch mit Ihnen (auch Telefonat) ein besseres Gefühl hat: sich selbst gegenüber, Ihrer Klinik gegenüber und Ihnen gegenüber.
- Verzeihen Sie schnell und seien Sie nicht nachtragend.

Umsetzung im Alltag

Geht es in den meisten Kliniken und Arztpraxen nicht so oder zumindest sehr ähnlich zu wie in der Geschichte von Dr. Frank Mayer? Kleine Lästereien, manchmal Eifersüchteleien und dergleichen gibt es doch in jedem Verein, in jeder Firma und natürlich auch in jeder Klinik. Überall, wo Menschen zusammen leben und arbeiten, gibt es das. Allerdings sollte es bei Kleinigkeiten bleiben. Die Kleinigkeiten hören da auf, wo sie beginnen, das Betriebsklima zu dominieren. So wie es unsere Geschichte zeigt.

Dinge, die in unserer Geschichte vorkommen, passieren tagtäglich. Also nicht nur auf der jährlichen Betriebsfeier, sondern auch in den Kaffee- oder Rauchpausen. Kontraproduktiv wird die ganze Sache, wenn Ärzte wie Dr. Mayer mit ihrem Job und ihrem Umfeld nicht mehr zufrieden sind. Wenn sie damit ‚abschließen'. Wenn ein negatives Betriebsklima dazu führt, dass sie in depressive Stimmung geraten. Wenn die Lästereien das Geschehen dominieren. Wenn jeder seinen eigenen Prügelknaben hat, auf den er eindrischt, wenn er mal wieder Dampf ablassen will. Als Chefarzt oder (leitender) Oberarzt sollten Sie dem vorbeugen und immer für ein möglichst positives Betriebsklima in Ihrer Klinik und Abteilung sorgen. Seien Sie sich darüber im Klaren, dass Sie gemeinsam mit Ihrem Team immer mehr erreichen als allein.

Lassen Sie Ihren Worten Taten folgen!

Kommunizieren Sie immer mit Ihren Ärzten und dem Pflegepersonal. Sobald Kommunikation endet, beginnen Probleme. Setzen Sie alles daran,

Ihre Mitarbeiter zu verstehen. Versetzen Sie sich in deren Lage. Es geht nicht darum, dass Sie jeden einzelnen lieben, aber Sie sollten einen freundlichen und positiven Umgang mit ihnen pflegen. „Du siehst in anderen, was du in deinem eigenen Herzen trägst! Verurteilst du andere, verurteilst du dich selbst!"

- Überlassen Sie das Betriebsklima niemals dem Zufall. Kümmern Sie sich darum und schaffen Sie sich eine positive Umgebung.
- Sie müssen nicht alle Ihre Kollegen und Mitarbeiter lieben. Wohl aber einen freundlichen Umgang mit ihnen pflegen.
- Entlassen Sie Mitarbeiter, die das Betriebsklima nachhaltig stören. Sie kosten Geld, weil sie andere anstecken.
- Helfen Sie Kleindenkern! Befördern Sie die niemals, solange sie so sind.
- Fordern Sie für jede Kritik zwei Lösungsvorschläge ein.
- Lernen und praktizieren Sie die oben genannten Regeln für ein positives Betriebsklima. Hängen Sie diese wenn nötig öffentlich aus und sprechen Sie mit Ihren Mitarbeitern darüber. Bei der Beurteilung von ihrem Engagement zum Beispiel. Das Wichtigste jedoch ist: Leben Sie diese Regeln im Klinikalltag vor! Sie werden eine viel größere Wirkung haben, wenn Ihre Mitarbeiter diese Regeln an Ihrem Verhalten und nicht nur auf einer Liste ablesen können.

Kurz & knapp: Positives Betriebsklima

Eine Führungskraft schafft die Basis für ein positives Betriebsklima. Dabei lebt sie die Regeln des positiven Betriebsklimas vor und lässt sich nicht demotivieren.

Halten Sie folgende Regeln für ein positives Betriebsklima ein:

- Keine Scheu vor Problemen. Sie helfen Ihnen, sich weiterzuentwickeln!
- Lassen Sie schlechte Laune niemals an anderen aus.
- Reden Sie andere nicht schlecht, wenn diese nicht anwesend sind.
- Geben Sie immer Ihr Bestes!
- Arbeiten Sie mit anderen zusammen. Informieren Sie!
- Kommunizieren Sie mit Ihren Mitarbeitern und Kollegen.
- Bleiben Sie hartnäckig, wenn es um Ergebnisse geht, aber verständnisvoll in Bezug auf die menschlichen Eigenschaften.
- Geben Sie das, was Ihr Vorgesetzter erwartet. Oder überzeugen Sie ihn von einem anderen Weg, falls Sie eine andere Meinung vertreten. Fallen Sie ihm nie in den Rücken!

5. Prinzip:

Vertrauen aufbauen

Was für eine Pfeife!

„Warum reagierst du denn wieder so gereizt?", fragte Sybille Michaelis. „Ich hab dir doch nichts vorgeschrieben! Ich habe dich doch nur darum gebeten, die dicken Äste mit der Motorsäge abzusägen, während ich unterwegs bin. Ich trau mich das mit diesem Ding nicht!" „Ist ja gut!", schimpfte Lars, ihr Ehemann. „Ich mach es ja gleich. Mein Gott, du kannst einen aber auch nerven!" Dr. Lars Michaelis warf wütend das rot karierte Geschirrtuch auf den Küchentresen, drehte sich um und ging auf direktem Weg hinaus in die Garage. Dort waren die Gartengeräte verstaut. Gesteigerte Lust auf Gartenarbeit hatte der 42-jährige Oberarzt nicht unbedingt. Doch wo seine Frau recht hatte, da hatte sie recht. Die dicken Äste mussten vom Baum ab. Schließlich stand der Frühling vor der Tür, und wenn die Bäume erst einmal trieben, dann war es zu spät fürs Abschneiden. Außerdem war Dr. Michaelis ja nicht wirklich wütend auf seine Frau. Er ärgerte sich mehr über sich selbst, denn er war den ganzen Tag schon wieder so genervt und schlecht drauf. Sicher lag es daran, dass er die letzten Tage Nachtdienst gehabt hatte. Da war zwar nichts Besonderes vorgefallen, aber in den letzten Wochen und Monaten war die Belastung für den Oberarzt und seine Kollegen immer größer geworden. Dr. Michaelis arbeitete als Chirurg am Kreiskrankenhaus und hatte buchstäblich alle Hände voll zu tun. Damals, als er vor fünf Jahren in der Klinik angefangen hatte, war das noch anders gewesen. Ruhiger und überschaubarer. Wenig bis kein Stress, und die Operationen, die Dr. Michaelis damals zu erledigen hatte, hatte er problemlos geschafft. Doch das hatte sich in den letzten Jahren geändert. In der näheren ländlichen Umgebung hatten einige Krankenhäuser geschlossen, und so waren im Laufe der Zeit immer mehr Patienten aus dem Umland zu ihnen gekommen. Allmählich gingen die Anforderungen und der immer höhere Druck an die Substanz von Dr. Michaelis und seinen Kollegen. Immer wenn der Oberarzt Dienst hatte, war er nervös, gereizt und konnte manchmal richtig eklig sein. Das musste vor allem seine Frau ausbaden, und so nahmen auch die Ehestreitigkeiten immer mehr zu.

„Dann lass es doch sein, wenn du das nicht mehr kannst!", hatte seine Frau einmal zu ihm gesagt. Da hatte Dr. Michaelis auch wirklich ernsthaft darüber nachgedacht, den Job in der Klinik aufzugeben, sich selbstständig zu machen und vielleicht eine Praxis zu übernehmen. Dieses Ansinnen währte aber nur kurz, denn er konnte es ja und er mochte seinen Beruf. Aber die Anforderungen waren in den letzten Jahren wirklich exorbitant gestiegen. Vor allem bekam die Klinik immer mehr Fälle zur Behandlung, für die Dr.

Michaelis nicht wirklich ausgewiesen war. Das wusste er, und das belastete ihn auch. Klar, zusammen als Haus hatten die Ärzte der ländlichen Klinik alle ihre Expertisen. Aber Dr. Michaelis war Allgemeinchirurg. Die vielen unterschiedlichen mehr oder weniger „normalen" Eingriffe beherrschte er. Das war sein Fachgebiet. Aber wenn es um Thorax-, Herz- und Gefäßchirurgie ging, wusste der Oberarzt, dass er ziemlich schnell an seine Grenzen stoßen könnte.

Es war Samstagnachmittag und das Wetter frühlingshaft schön. Dr. Lars Michaelis hatte an diesem Wochenende Rufdienst. Das bedeutete: Immer und überall erreichbar sein. Sybille Michaelis hatte schon in der Früh beschlossen, mit einer Freundin zur Neueröffnung eines großen Möbelhauses zu fahren. Das kam Lars natürlich sehr entgegen, denn so hatte er seine Ruhe. Bis auf die Äste im Garten. Rufbereitschaft bedeutete für ihn jedoch 24 Stunden Anspannung. Jede Sekunde konnte das Telefon klingeln und ihn in die Klinik rufen. Und die latente Furcht vor einem Fall, dem er vielleicht nicht gewachsen sein könnte, schwang immer mit. In den letzten Monaten war diese Angst sukzessive stärker geworden. Dr. Michaelis versuchte sie zu verdrängen oder zu ignorieren, doch es gelang ihm nicht. Vielleicht war er auch deswegen immer so gereizt. Und vielleicht wusste das seine Frau und ging ihm vorausschauend aus dem Weg.

14:10 Uhr: Dr. Michaelis' Diensthandy klingelte. Der Oberarzt saß gerade im Garten und blätterte seine Zeitung durch. Er erschrak und warf einen Blick auf das Display. Es war die Klinik, wer sonst. „Michaelis hier!", meldete er sich. „Herr Dr. Michaelis, die Leitstelle hat gerade angerufen", sagte eine diensthabende Kollegin am anderen Ende. „Wir bekommen gleich einen Verkehrsunfall rein!" „Wissen wir schon mehr?" „Schweres Thorax-Trauma mit wohl hohem Volumenbedarf, sagen die Notärzte. Sie müssen reinkommen!" „Wie viel Zeit?", fragte Dr. Michaelis. „Wir erwarten Sie in 20 Minuten!" „Gut, ich bin schon unterwegs!" Wie seine Kollegen war Dr. Michaelis routiniert. Alles, was in solchen Situationen zu tun war, hatte er viele Male geübt, und so dauerte es keine zwei Minuten, bis der Arzt im Auto saß und startete. Bis zur Klinik hatte Dr. Michaelis knappe zehn Minuten zu fahren. Während er die Landstraße entlangfuhr, ging er im Kopf noch einmal die Details durch, die ihm die Kollegin gerade am Telefon genannt hatte. „Thorax-Trauma", dachte Dr. Michaelis, „auch das noch! Mist! Hoffentlich komme ich damit klar." Der Oberarzt wurde unruhig und er fühlte sich gar nicht gut bei dem Gedanken an eine womöglich komplizierte Operation. Eine einfache Blutung würde er hinbekommen. Ein paar Thorax-Drainagen auch. Aber was dann? Was, wenn eine Aortenruptur vorlag? „Na ja, dann wird er es eh nicht mehr schaffen! Wir sind halt auf dem Land und das nächste Zentrum ist auch mit dem Hubschrauber 30 Minuten entfernt", überlegte Dr. Michaelis und versuchte, sich ein bisschen Mut und Coolness einzureden. Erfolglos! Jetzt waren es nur noch ein paar Minuten bis zur Klinik. Je näher der Oberarzt seinem Arbeitsplatz kam, desto nervöser wurde er. Dr. Michaelis begann zu schwitzen und fühlte seinen eigenen Puls immer schneller und schneller werden. Er hatte Angst davor, diese OP allein zu machen. Wusste, dass er da sehr schnell überfordert sein könnte. Schließlich hatte er auf diesem Gebiet nicht wirklich viel Erfahrung. Aber was sollte er denn tun? Einfach Augen zu und durch? Auf gut Glück den Patienten aufmachen und sehen, was passiert? Nein, das schien dem Oberarzt dann doch zu riskant.

„Ich brauche Hilfe", beschloss er, nachdem er die Stadtgrenze passiert hatte und er kurz vor der Klinik war, und wählte die Handynummer von seinem Kollegen Dr. Schraml. Schraml war der Sektionsleiter der Gefäßchirurgie der Klinik und Facharzt für Herz-, Thorax- und Gefäßchirurgie. „Werner? Hallo. ich bin es, Lars!" „Lars?", fragte Dr. Schraml am anderen Ende der Leitung überrascht. „Was gibt es denn?" „Ich bin gerade auf dem Weg in die Klinik", erklärte Dr. Michaelis. „Kannst du auch reinkommen?" „Ich?" „Ich weiß, du hast heute keinen Dienst. Aber gleich kommt ein schweres Thorax-Trauma rein und es klang nach Beteiligung der großen Gefäße. Ich könnte deine Hilfe sehr gut gebrauchen!", gab Dr. Michaelis zu. An seiner Stimme konnte man erkennen, dass es ihm sehr ernst war. Die beiden Oberärzte hatten nicht gerade das beste Verhältnis zueinander und Dr. Michaelis hätte bestimmt vieles lieber getan, als diesen Kollegen am Samstagnachmittag um Hilfe zu bitten. Doch er sah keine Alternative. „Wenn ich helfen kann, dann komme ich! Ich bin schon unterwegs", sagte Dr. Schraml. „Ich bin in spätestens zehn Minuten in der Klinik!" „Danke, Werner!"

Als Dr. Michaelis auf den Hof der Klinik fuhr, war ihm wieder leichter zumute. Er fühlte sich gut und er vertraute auf die Erfahrung und das Können seines Kollegen. Auch wenn sich die beiden persönlich nicht so grün waren. In der Tat dauerte es nur ein paar Minuten, bis Michaelis' Kollege Dr. Schraml in die Klinik kam. Fast zeitgleich mit ihm lieferte der Rettungswagen den verunglückten Mann an. „Der ist multipel traumatisiert, vom Bauch bis in die Brusthöhle", informierte man ihn. Dr. Michaelis wusste nun: Er hatte richtig entschieden, indem er seinen Kollegen um Hilfe gebeten hatte. Die beiden Oberärzte ergänzten sich gegenseitig. Wo der eine nicht ganz so routiniert war, übernahm der andere und umgekehrt. Die Operation dauer-

te insgesamt knapp vier Stunden, und am Ende hatten Dr. Michaelis und Dr. Schraml in perfektem Teamwork den jungen Mann stabilisiert. „Danke, Werner, du hast was bei mir gut!", sagte Dr. Michaelis erleichtert zu seinem Kollegen, als sich die beiden draußen im Vorraum ihrer durchgeschwitzten OP-Kittel entledigten. „Nichts zu danken! Dafür sind Kollegen doch da! Der packt das!" Dr. Michaelis wusste, dass der Patient ohne die Hilfe seines erfahrenen und auf diese Art von Operation spezialisierten Kollegen sicher nicht durchgekommen wäre. Allein hätte er das sicher nicht geschafft. Dr. Schraml verabschiedete sich und fuhr gleich wieder nach Hause. Michaelis war erschöpft, hatte aber ein sehr gutes Gefühl. Er war überzeugt, dass er genau das Richtige getan hatte. Am Ende hatte es dem Patienten wahrscheinlich das Leben gerettet.

„Wenn ich es euch sage!", referierte Oberarzt Dr. Schraml amüsiert und mit einem Hauch von Häme in der Stimme. „Ich musste meinen Samstagnachmittag opfern, um dem lieben Kollegen Michaelis aus der Patsche zu helfen. Er konnte das nicht alleine!" „Was ist das denn für ein Oberarzt, wenn der nicht mal ein einfaches Thorax-Trauma alleine machen kann?", meinte der junge, untersetzte Stationsarzt. Die Ärzte hatten sich an diesem Montagmorgen zur Besprechung mit dem Chefarzt getroffen und warteten im Gang auf ihn. Gesprächsthema war der Notfall vom Wochenende, zu dem Dr. Michaelis die erfahrene Hilfe seines Kollegen angefordert hatte. Oberarzt Schraml machte sich einen Spaß daraus, über seinen Kollegen, der an diesem Tag frei hatte, vor den anderen Ärzten herzuziehen. Die Lästerei hörte augenblicklich auf, als der Chefarzt, Prof. Dr. Schreier, zu der Gruppe stieß. Der Notfallpatient kam gleich als Zweiter dran. Prof. Schreier ließ sich berichten. Das übernahm Oberarzt Schraml nur zu gerne. „Der Herr Kollege traute sich die OP alleine nicht zu", sagte Schraml zum Abschluss zu seinem Chefarzt. Mit einem ziemlich herablassenden Unterton in der Stimme fügte er hinzu: „Aber man hilft ja gerne. Schließlich wollen wir ja unseren Patienten helfen, nicht wahr?" Der Chefarzt bemerkte das arrogante Grinsen des Oberarztes wohl, kommentierte diese Aussage aber nicht.

Dienstagmorgen, 7:00 Uhr: Die Ärzte hatten sich wie jeden Morgen auf der Intensivstation versammelt und warteten auf den Chef. Dr. Michaelis kam als Letzter den Gang entlang. Irgendwie fand er die ganze Stimmung hier komisch. „Guten Morgen!", sagte Dr. Michaelis in die Runde seiner Kollegen. Jeder grüßte ihn zurück. Wie sonst auch, aber doch irgendwie anders. Und zwei der Stationsärzte grinsten so komisch und begannen zu tuscheln. Aha. Sein Kollege Schraml hatte wohl hinter seinem Rücken dar-

über gelästert, dass er ihn um Hilfe gebeten hatte. Dr. Michaelis ließ sich nichts anmerken, aber das ging ihm doch nahe. Seit der OP konnte Dr. Michaelis seinen Patienten nun zum ersten Mal in Augenschein nehmen. Und der sah den Umständen entsprechend gut aus. Prof. Schreier ließ sich berichten. Erst von den behandelnden Intensivärzten und anschließend von Dr. Michaelis. „Ich habe erfahren, dass Sie Ihren Kollegen Schraml gebeten haben, Sie bei dem Eingriff zu unterstützen. Stimmt das?" „Ja, das stimmt, Chef!", antwortete Michaelis mit gesenktem Haupt. Jetzt machte sich der Alte sicher gleich auch noch über ihn lustig. Prof. Schreier schwieg und sah in die Runde seiner Ärzte. Einem jeden blickte er in die Augen. Auch Oberarzt Schraml, der mit einem überheblichen Grinsen auf der anderen Seite des Bettes stand. Dann wandte sich der Professor Dr. Michaelis zu. „Herr Kollege Michaelis, meine Anerkennung!", sagte der Chefarzt. „Ihre Entscheidung, einen erfahrenen Herz-, Thorax- und Gefäßchirurgen hinzuzuziehen, war absolut richtig. Das zeugt von Stärke, Verantwortung gegenüber dem Patienten und vor allem Vertrauen in Ihre Kollegen! Gut gemacht." Dr. Michaelis schluckte und glaubte fast, sich verhört zu haben. Doch als er dem Professor in die Augen schaute, nickte dieser ihm anerkennend zu. Dann sah der Professor die anderen Anwesenden an. Alle starrten zu Boden ...

* * *

Vertrauen ist die Basis jeder Beziehung und jeglicher Kommunikation. Patienten vertrauen Ihnen, werden Ihnen anvertraut, Informationen fließen aus Vertrauen und jede Art der Zusammenarbeit funktioniert besser, wenn Vertrauen vorhanden ist. Das gilt für alle Individuen, Unternehmen, Organisationen und Zivilisationen. Für zwischenmenschliche Beziehungen gilt das natürlich genauso. Mangelndes Vertrauen hingegen kann die Kommunikation erheblich stören, ja sogar unmöglich machen. Vertrauen hat eine immense Macht und wird doch im realen Alltag weitgehend unterschätzt. Vor allem Selbstvertrauen. Mangelt es Menschen daran, haben sie ein erhebliches Manko. Wer sich selbst nicht vertraut, dem können auch andere nicht vertrauen. Jemand, der ein negatives Weltbild und nur wenig Selbstvertrauen hat, misstraut auch anderen. Das spüren die anderen, denn er drückt es durch sein ganzes Wesen aus. Es lässt sich nicht verbergen. Sie als Führungskraft müssen sich zuerst selbst vertrauen. Erst dann können Sie auch anderen vertrauen und diese wiederum Ihnen. Je größer Ihr Selbstvertrauen und Ihr Vertrauen in Ihre Mitarbeiter ist, desto effizienter sind Sie und Ihr Team. Weil Vertrauen da ist.

Grundlage von Vertrauen ist die Glaubwürdigkeit

Stephen R. Covey beschreibt in seinem Buch „Schnelligkeit durch Vertrauen", dass vier entscheidende Punkte Menschen glaubwürdig und somit vertrauenswürdig machen. Für sich selbst und für andere. Bei den ersten beiden Grundlagen geht es um den Charakter, bei den anderen um die Kompetenz. Alle vier sind auch für das Selbstvertrauen wichtig. Stephen R. Covey definiert die Glaubwürdigkeitsgrundlagen wie folgt:

1. Integrität
„Die 1. Grundlage ist Integrität. Integrität ist der Begriff, den die meisten Menschen mit Vertrauen verbinden. Denn oft hängen massive Vertrauensbrüche mit Verletzungen der Integrität zusammen. Für viele bedeutet Integrität ganz einfach Ehrlichkeit. Integrität umfasst zwar auch Ehrlichkeit, ist aber weit mehr als das. Sie bedeutet, dass man kongruent ist – dass Übereinstimmung zwischen den Worten und dem Handeln besteht. Integer ist, wer den Mut hat, im Einklang mit seinen Werten und Überzeugungen zu handeln."
Dies bedeutet, seine Werte und Überzeugungen zu kennen und zu wissen, wie diese für sich selbst definiert sind und was sie einem „wert" sind.

2. Absichten
„Die 2. Glaubwürdigkeitsgrundlage sind Absichten. Hier geht es um unsere Motive, unsere Agenden und das daraus resultierende Verhalten. Vertrauen wächst, wenn unsere Absichten ehrlich sind und auf dem festen Willen beruhen, allen Beteiligten Vorteile zu verschaffen. Wenn wir den Verdacht haben, dass jemand versteckte Absichten verfolgt und ihm unser Wohl nicht wichtig ist, betrachten wir alles, was er sagt und tut, argwöhnisch." Es geht darum, zu seinen Absichten zu stehen und diese ausdrücken zu können.

3. Fähigkeiten
„Die 3. Grundlage umfasst alle Fähigkeiten, die Vertrauen wecken: unsere Talente, Einstellungen und Fertigkeiten, unser Wissen und unseren ganz persönlichen Stil. Das sind die Mittel, die wir nutzen, um Ergebnisse und Erfolge zu erzielen. Hierher gehört auch unsere Fähigkeit, Vertrauen aufzubauen, auszuweiten und wiederherzustellen. Wenn ein Hausarzt integer ist und gute Motive hat, aber nicht über das nötige Know-how für eine Gehirnoperation verfügt, fehlt es ihm auf diesem Gebiet dennoch an Glaubwürdigkeit."
Mit Fähigkeiten ist aber auch gemeint, andere Menschen zu entwickeln. Sich auch einmal etwas sagen zu lassen und sich selbst weiterzuentwickeln. Kurz: die Fähigkeit, zu führen! Dazu gehören auch die Fähigkeiten, Fehler zu

korrigieren, ein positives Betriebsklima herbeizuführen und die Fähigkeit, Entwicklungsknöpfe bei sich und anderen wirkungsvoll zu nutzen.

4. Ergebnisse

„Die 4. Grundlage sind unsere Ergebnisse. Hier dreht sich alles um das, was wir vorzuweisen haben. Wenn wir die Erwartungen der anderen nicht erfüllen, schadet das unserer Glaubwürdigkeit. Erzielen wir dagegen die Ergebnisse, die wir versprochen haben, dann wird uns unser guter Ruf bald vorauseilen, und das verschafft uns große Glaubwürdigkeit.“

Ob Sie jemand anderem oder sich selbst vertrauen, entscheidet sich auf diesen vier Grundlagen, die Sie unterbewusst in Gesprächen oder durch Beobachten abklopfen. Eine Führungskraft sollte deshalb in allen vier Grundlagen aktiv Vertrauen aufbauen.

Wellen des Vertrauens

Wie ebenfalls im Buch „Schnelligkeit durch Vertrauen“ von Stephen R. Covey beschrieben, wirkt Vertrauen von innen nach außen. Ähnlich einem Stein, den man ins Wasser wirft und der dort viele kleine Wellen erzeugt. Die verschiedenen Wellen greifen dabei ineinander und werden von Stephen R. Covey wie folgt erklärt:

1. Welle: Selbst-Vertrauen

Beim Selbst-Vertrauen steht unser Vertrauen in uns selbst im Mittelpunkt. *„Es geht um unsere Fähigkeit, uns Ziele zu setzen und sie zu erreichen, unsere Versprechen zu halten und unseren Worten Taten folgen zu lassen. Aber es geht auch darum, Vertrauen bei anderen zu wecken.“* Das Schlüsselprinzip dieser Welle ist die Glaubwürdigkeit.

2. Welle: Beziehungs-Vertrauen

„Beziehungs-Vertrauen aufzubauen bedeutet, dass unsere Beziehungen intensiver werden und wir in allen Lebensbereichen deutlich bessere Ergebnisse erzielen.“ Gezielt ein Beziehungs-Vertrauen aufzubauen bedingt: Ehrlichkeit, Respekt, Transparenz zu zeigen, Fehler wiedergutmachen zu wollen, zu seinem Wort zu stehen, Erwartungen gegenseitig zu klären, zuzuhören (was der andere zu sagen hat), zu reflektieren, anderen Vertrauen zu schenken, zu seinen Fehlern zu stehen, klug zu kontrollieren usw. Beziehungs-Vertrauen bedeutet zum Beispiel auch, dem Patienten einfühlsam

zuhören zu können oder Mitgefühl mit ihm zu haben (Mitgefühl nicht im Sinne von mitleiden, sondern dem Patienten aus seinem Leiden zu helfen).

3. Welle: Organisations-Vertrauen

Organisations-Vertrauen ist die Fähigkeit von Führungskräften, in Organisationen aller Art Vertrauen schaffen zu können. Das dahinterliegende Prinzip ist die Organisations-Ausrichtung. *„Sie hilft, Systeme, Strukturen und Symbole aufzubauen, die Vertrauen schaffen."* Menschen wollen einer Klinik als Organisation vertrauen können, sei es bei den Abläufen, der Anmeldung, den Besuchszeiten, bei allen Strukturen, Symbolen und Systemen. Führungskräfte helfen, solche Systeme zu entwickeln oder weiterzuentwickeln, und orientieren sich dabei an der Gesamtausrichtung der Klinik. Dies schafft Vertrauen in den Unternehmenszweck.

4. Welle: Markt-Vertrauen

Beim Markt-Vertrauen geht es um Ruf und Reputation. Wofür steht die Klinik? Welcher Ruf wird sichtbar, sobald der Name der Klinik fällt? Kennen alle Mitarbeiter den Ruf der Klinik? Und wirken sie an einem positiven Ruf des Hauses mit? Wie spricht die Bevölkerung über Ihre Klinik?

5. Welle: Gesellschafts-Vertrauen

„Unter Gesellschafts-Vertrauen versteht man die Schaffung von Nutzen für andere. Wer zum Wohl der anderen beiträgt, tut etwas gegen Argwohn und Misstrauen." Hier ist zum Beispiel auch gemeint, ohne Geldleistung der Klinik innerhalb ihres Zwecks einen Beitrag zurückzugeben, zum Beispiel durch selbstloses Handeln.

Je nach Position und Verantwortlichkeit haben Sie als Führungskraft mehr oder weniger Einfluss, wenn Sie sich durch diese fünf Wellen nach außen bewegen. Bei den beiden ersten Wellen kann jedoch jeder viel bewirken, deshalb sollten Sie auch dort anfangen.

Feinde des Vertrauens

Angst und Furcht

Wie Sie in den vorangegangenen Abschnitten gesehen haben, kann Vertrauen geschaffen und gezielt aufgebaut werden. Aber: Sie können Vertrauen durch entsprechend falsches Verhalten auch vernichten. So zum Beispiel durch Angst und Furcht. Ängste entstehen dann, wenn die Erwartungen nicht klar und verständlich kommuniziert werden, keine Rückmeldungen erfolgen und wenn für Mitarbeiter nicht nachvollziehbare Entscheidungen getroffen werden.

Ablehnung von Verantwortung
Ein weiterer Feind des Vertrauens ist die Ablehnung von Verantwortung. Nach außen und nach oben sind Sie als Führungskraft immer verantwortlich. Nach innen hingegen wird die Verantwortung weiter differenziert. Sie zerstören Vertrauen auch, wenn Sie Erfolge allein für sich beanspruchen. Nach außen und nach oben sollte stets gelten: Wenn es gut läuft, ist das den Mitarbeitern zu verdanken. Läuft es durchschnittlich, sind Sie und Ihre Mitarbeiter verantwortlich. Läuft es nicht so gut, sollten Sie als Führungskraft die Verantwortung übernehmen.

Mangelhafte Information über die Ziele
Ein weiterer Feind des Vertrauens ist eine mangelhafte Information über die Ziele der Klinik. Wer nicht oder unzureichend informiert ist, der fühlt sich übergangen. Darum sollten Sie als Führungskraft Ziele klar kommunizieren. Das gilt zum Beispiel auch für Fälle wie in unserer Geschichte. Es sollte klar kommuniziert werden, dass Sie als leitender Arzt hinter solchen Entscheidungen stehen, wie sie Dr. Michaelis getroffen hat. Vertrauen wird massiv zerstört, wenn jemand in der Öffentlichkeit (auch vor den Kollegen) niedergemacht wird. So wie das Dr. Schraml getan hat. Kritische Auseinandersetzungen müssen immer unter vier Augen erfolgen.

Schlechtes Vorbild
Wer Vertrauen gewinnen und aufbauen will, der sollte auch bei der Wahrheit bleiben. Sie müssen sicher nicht jeden über alles aufklären und auch nichts schönreden, was nicht schönzureden ist. Das wäre falsch verstandene Loyalität. Vermeiden Sie auch unbedingt einen Widerspruch zwischen dem, was Sie sagen, und dem, was Sie tun. Sorgen Sie für Kongruenz und Integrität. Geben Sie ein gutes Vorbild ab und achten Sie auf Anstand, Taktgefühl, Manieren und vor allem auf Respekt. Respektvoll sein mit anderen und mit sich selbst. Wer zum Beispiel beleidigt ist oder schlecht über andere spricht, geht mit sich selbst respektlos um – und somit auch mit anderen.

Mangelndes Interesse
Kontrollieren Sie auch immer regelmäßig. Wer nicht kontrolliert, demonstriert Inkompetenz bzw. mangelndes Interesse an seinen Mitarbeitern und deren Tun. Ein solches Verhalten schafft kein Vertrauen, sondern zerstört es.

Falscher Umgang mit Fehlern

Die Vertrauenswürdigkeit einer Führungskraft hängt auch davon ab, wie sie mit Fehlern von anderen umgeht. Für allgemeine oder Systemfehler sollten Sie niemals eine Person verantwortlich machen. Verzeihen Sie unabsichtliche Fehler, sonst schaffen Sie eine Atmosphäre der Angst. Ein Zeichen von Stärke und Vertrauenswürdigkeit ist auch die Fähigkeit, sich zu entschuldigen. Haben Sie einen Fehler begangen, dann entschuldigen Sie sich dafür.

Umsetzung im Alltag

Im Klinikalltag ist Vertrauen ein Thema für sich. Situationen, wie sie unsere Geschichte beispielhaft zeigt, sind leider gang und gäbe: Ein Arzt – hier Dr. Michaelis – ist sich in seiner Diagnose und seinem Handeln nicht sicher. In unserem speziellen Fall zweifelte er daran, das Thorax-Trauma allein bewerkstelligen zu können. So vertraute er sich seinem Kollegen an, der auf diese Art von Operationen spezialisiert ist. „Natürlich ist das die richtige Entscheidung", werden Sie jetzt sagen. „Denn dadurch wird der Arzt ein gutes Ergebnis liefern können. Denn er hat im Vertrauen auf das Können seines Kollegen gehandelt und damit im Sinne des Patienten." Geht es bei Ihnen im Klinikalltag nicht auch manchmal zu wie in einem Haifischbecken? Die Stärke und das Vertrauen des einen werden von einem anderen schnell ausgenutzt. Getreu dem Motto: „Hast du das schon mitbekommen? Der Kollege konnte nicht einmal diese Behandlung allein bewerkstelligen und musste mich um Rat fragen."

Sprechen Sie das Thema Vertrauen an und leben Sie es vor

Dieses Beispiel zeigt, wie Vertrauen auch „missbraucht" werden kann. Denn Ärzte wie Dr. Michaelis werden auf diese Weise in ihrem Selbstvertrauen geschwächt. Als leitender Arzt ist es Ihre Aufgabe, einem solchen Verhalten entgegenzuwirken. So wie das Prof. Schreier auch getan hat, indem er das Handeln seines Oberarztes gelobt und damit untermauert hat. Zum einen stärken Sie damit vehement das Selbstvertrauen des betreffenden Mitarbeiters und zum anderen sorgen Sie dafür, dass er und seine Kollegen auch Ihnen mehr Vertrauen schenken. Und nicht zuletzt hat der Chefarzt auch ein deutliches Signal gesetzt, dass er kontraproduktives und Vertrauen zerstörendes Verhalten unter seiner Führung nicht duldet. Er fördert damit eine Kultur der Stärke durch Eingestehen von Schwächen, die das Team in seiner Gesamtheit erschaffen kann.

Sprechen Sie über Vertrauen in Ihrer Klinik. Fragen Sie Ihre Kollegen, was Sie tun können, um Vertrauen weiterzuentwickeln. Vertrauen ist kein „Soft Skill", sondern ein harter Fakt. Patienten kommen aus Vertrauen zu Ihnen. Menschen lassen sich führen, weil sie vertrauen.

Kliniken oder Abteilungen mit einem ausgesprochen positiven Vertrauensklima sind belastbarer, flexibler und somit leistungsfähiger als Kliniken, bei denen Misstrauen oder kein Vertrauen herrscht. Weil Vertrauen Geschwindigkeit schafft, schaffen Sie sich ein Treibhaus des Vertrauens.

Kurz & knapp: Vertrauen aufbauen

Patienten kommen zu Ihnen, weil sie vertrauen. Mitarbeiter lassen sich führen, weil sie vertrauen. Informationen fließen aus Vertrauen. Vertrauen schafft Geschwindigkeit.

☐ Lernen Sie, sich selbst mehr zu vertrauen. Steigern Sie stetig Ihr eigenes Selbstvertrauen.

☐ Schenken Sie jedem Ihrer Mitarbeiter Vertrauen. Damit helfen Sie ihnen, ihr eigenes Selbstvertrauen zu entwickeln.

☐ Bei Vertrauensmissbrauch müssen Sie unbedingt konsequent vorgehen. Machen Sie deutlich, dass Sie dieses Verhalten in Ihrem Einflussbereich nicht dulden. Verwarnen Sie notfalls betreffende Mitarbeiter, aber geben Sie ihnen immer eine zweite Chance.

☐ Gehen Sie bei einem Vertrauensverlust auf die Person zu und klären Sie die Situation.

Schlusswort

Wie ist das Thema Führung in Ihrer Klinik aufgebaut? Wie viel Betonung wird dort auf die Entwicklung Ihrer Mitarbeiter gelegt? Stehen Sie auch ab und zu bei Führungsfragen ratlos da und wissen nicht, wie Sie Ihre Mitarbeiter ansprechen sollen, um sie effektiv zu führen? Oder denken Sie vielleicht, dass Sie Ihrer Führungsverantwortung nicht gerecht werden, weil Sie gar nicht genau wissen, wie Sie Ihre Mitarbeiter weiterentwickeln können? Dann ermutigen wir Sie, sich mit dem Führungssystem Leading Simple® noch tiefer auseinanderzusetzen. Dieses Führungssystem sorgt nachhaltig für Klarheit, Transparenz und Nachvollziehbarkeit, wenn es um das Thema „Menschenführung und Entwicklung" geht. Es schafft Vertrauen bei leitenden Ärzten, Stationsärzten, dem medizinischen Nachwuchs und auch beim Pflegepersonal. Dadurch wird Verantwortung übernommen und auf mehrere Schultern verteilt. Tragen hingegen nur wenige Köpfe, im ungünstigsten Fall sogar nur einer, die ganze Verantwortung, werden Wachstum und Entwicklung des gesamten Teams und der Klinik weitgehend blockiert oder zumindest ausgebremst.

Indem Sie sich und Ihren Mitarbeitern ermöglichen, das Führungssystem zu erlernen und praktisch umzusetzen, erfüllen Sie bereits für sich und Ihr Umfeld die im letzten Kapitel beschriebenen fünf Prinzipien der Führung. Denn Sie übernehmen Verantwortung, sorgen für ein ergebnisorientiertes Arbeiten, ermuntern Ihre Mitarbeiter, sich auf ihre Stärken zu konzentrieren, schaffen damit ein positives Betriebsklima und bauen Vertrauen auf. Allein damit sorgen Sie schon wirkungsvoll für mehr Effizienz in Ihrer Klinik.

In wie vielen Führungsseminaren waren Sie schon? Und wussten montagmorgens genau wie es geht, sind aber dienstags mit Ihren neuen Ideen gescheitert?

Leading Simple® wird von der Grundl Leadership Inhouse Akademie in Unternehmen und Organisationen angeboten, jedoch nicht nur als einfacher Kurs: Sie und Ihre Mitarbeiter werden auf dem anfangs oft steinigen Weg in der Umsetzung begleitet. So wie damals, als Sie Fahrradfahren gelernt haben. Dies klappte wahrscheinlich auch nicht gleich vom ersten Tag an, sondern brauchte Begleitung und jemanden, der Ihnen half, sich und das Fahrrad wieder aufzurichten.

Sollten Sie weiterführende Informationen wünschen, finden Sie diese unter:

www.arzt-sein-heisst-scheitern.de

Unser Anspruch ist, Ihnen mit diesem Buch eine leicht verdauliche Kost zum Thema Führung im klinischen Bereich zu servieren, sodass Ihnen das Lesen Spaß macht, Emotionen weckt und Sie danach Lust haben, sich dem Thema „Menschen wirkungsvoll führen" zu beschäftigen. Dieses Buch erhebt keinen Anspruch auf Absolutheit oder Ausschließlichkeit, denn dazu ist der Mensch viel zu komplex.

Wir haben das ganz bescheidene Ziel, dass Sie und Ihre Mitarbeiter in Zukunft amüsiert, aber verneinend lächeln können, wenn jemand behauptet:

Arzt sein heißt scheitern!

Ihr

Atilla Vuran & Stefan Jockenhövel

Erfolgreich führen – mit System

Leading Simple®

Aufgaben	Hilfsmittel	Prinzipien
Menschen fördern	Lob	Verantwortung übernehmen
Unternehmenszweck erfüllen	Umleiten	Ergebnisorientierung
Systeme schaffen	Kritik	Konzentration auf Stärken
Delegieren	EOA	Positives Betriebsklima
Kontrollieren	Budget	Vertrauen aufbauen

Gesunder Menschenverstand

Literatur

- **Grundl, Boris / Schäfer, Bodo.** *Leading Simple – Führen kann so einfach sein.* GABAL Verlag, 2007.

- Baller, Gaby / Schaller, Bernhard. *In Führung gehen: Praxishandbuch für Ärzte im Krankenhaus.* Thieme Verlag, 2013.

- Birkenbihl, Vera F. *Kommunikationstraining: Zwischenmenschliche Beziehungen erfolgreich gestalten.* MVG Verlag, 2007.

- Blanchard, Kenneth. *Der Minuten-Manager: Führungsstile.* Rowohlt Verlag, 1983.

- Blanchard, Kenneth / Burrows, Hal. *Der Minuten-Manager und der Klammeraffe.* Rowohlt Verlag, 1990.

- Buckingham, Marcus. *Entdecken Sie Ihre Stärken jetzt! Das Gallup-Prinzip für individuelle Entwicklung und erfolgreiche Führung.* Campus Verlag, 2011.

- Buse, Reinhard / Schreyögg, Jonas / Stargardt, Tom. *Management im Gesundheitswesen. Das Lehrbuch für Studium und Praxis.* Springer Verlag, 2013.

- Covey, Stephen R. *Die effektive Führungspersönlichkeit – Prinzipienorientiert managen.* Campus Verlag, 2008.

- Covey, Stephen R. *Der 8. Weg: Mit Effektivität zu wahrer Größe.* GABAL Verlag, 2006.

- Covey, Stephen R. / Merrill, Rebecca R. *Schnelligkeit durch Vertrauen: Die unterschätzte ökonomische Macht (Dein Erfolg).* GABAL Verlag, 2009.

- Drucker, Peter F. *Management im 21. Jahrhundert.* Econ Verlag, 1999.

- Fengler, Jörg. *Feedback geben – Strategien und Übungen.* Beltz Verlag, 2004.

- Frankl, Viktor E. *Der Mensch vor der Frage nach dem Sinn: Eine Auswahl aus dem Gesamtwerk.* Piper Verlag, 1985.

- Groth, Alexander. *Stärkenorientiertes Führen.* GABAL Verlag, 2010.

- Grundl, Boris. *Die Zeit der Macher ist vorbei: Warum wir neue Vorbilder brauchen.* Econ Verlag, 2012.

- Grundl, Boris. *Mach mich glücklich: Wie Sie das bekommen, was jeder haben will.* Econ Verlag, 2014.

- Heinrich, Anika / Wall, Jennifer. *Teamrollen. Das Modell nach Belbin.* Grin Verlag, 2013.

- Hollmann, Jens. *Führungskompetenz für Leitende Ärzte: Motivation, Teamführung, Konfliktmanagement im Krankenhaus (Erfolgskonzepte Praxis- & Krankenhaus-Management).* Springer Verlag, 2012.

- Jenewein, Wolfgang / Heidbrink, Marcus. *High-Performance-Teams: Die fünf Erfolgsprinzipien für Führung und Zusammenarbeit.* Schäffer-Poeschel Verlag, 2008.

- Keup, Marion. *Internationale Kompetenz – Erfolgreich kommunizieren und handeln im Global Business.* Gabler Verlag / Springer Fachmedien Wiesbaden GmbH, 2010.

- Kruse, Peter. *Erfolgreiches Management von Instabilität – Veränderung durch Vernetzung.* GABAL Verlag, 2009.

- Malik, Fredmund. *Führen Leisten Leben: Wirksames Management für eine neue Welt.* Campus Verlag, 2014.

- Malik, Fredmund. *Navigieren in Zeiten des Umbruchs: Die Welt neu denken und gestalten.* Campus Verlag, 2015.

- Neuberger, Oswald. *Führen und führen lassen: Ansätze, Ergebnisse und Kritik der Führungsforschung.* UTB Verlag, 2002.

- Oncken, William Jr. / Wass, Donald L. *Management Time: Who's got the Monkey?* Harvard Business Publishing, 1999.

- Simon, Hermann. *Think! Strategische Unternehmensführung statt Kurzfrist-Denke.* Campus Verlag, 2004.

- Sprenger, Reinhard K. *Das anständige Unternehmen: Was richtige Führung ausmacht – und was sie weglässt.* Deutsche Verlags-Anstalt, 2015.

- Sprenger, Reinhard K. *Das Prinzip Selbstverantwortung: Wege zur Motivation.* Campus Verlag, 2015.

- Sprenger, Reinhard K. *Mythos Motivation: Wege aus einer Sackgasse.* Campus Verlag, 2014.

- Wunderer, Rolf. *Führung und Zusammenarbeit.* Luchterhand Verlag, 2009.

Das Gegenteil von gut
ist gut gemeint

Boris Grundl · **Diktatur der Gutmenschen**
Was Sie sich gefallen lassen dürfen, wenn Sie etwas bewegen wollen
272 Seiten, Hardcover (mit Schutzumschlag)
€ [D] 19,95 · € [A] 20,60
ISBN 978-3-430-20107-0

Gutmenschen und Weltverbesserer sind harmoniesüchtige Typen,
die sich auf Kosten der Schwachen Macht und ein gutes Gefühl verschaffen –
das ist die provokante These von Boris Grundl. Gutmenschen fühlen sich
nur in einem statischen Umfeld wohl, in dem die Rollen fest verteilt sind.
Boris Grundl zeigt die fatale Wirkungsweise und die schwerwiegenden
Folgen dieses Phänomens anhand von Beispielen aus Wirtschaft,
Politik, Behörden und anderen Institutionen.

Econ